知识生产的原创基地
BASE FOR ORIGINAL CREATIVE CONTENT
颉腾商业
JIE TENG BUSINESS

领导力的本质

John P. Kotter on What Leaders Really Do

［美］约翰·科特（John P. Kotter） 著
郑晓明 钟杰 译

中国工商出版社

责任编辑： 张欣然
封面设计： 王建敏

图书在版编目（CIP）数据

领导力的本质 /（美）约翰·科特著；郑晓明，钟杰译 . -- 北京：中国工商出版社，2024. -- ISBN 978-7-5209-0294-6

Ⅰ. C933

中国国家版本馆 CIP 数据核字第 2024WY4042 号

北京市版权局著作权合同登记号 图字：01-2024-4701 号

书　　名 / 领导力的本质
著　　者 /［美］约翰·科特
译　　者 / 郑晓明　钟　杰

出版．发行 / 中国工商出版社
经销 / 新华书店
印刷 / 文畅阁印刷有限公司
开本 / 880 毫米 ×1230 毫米　1/32　**印张** / 5.75　**字数** / 105 千字
版本 / 2024 年 9 月第 1 版　2024 年 9 月第 1 次印刷

社址 / 北京市丰台区丰台东路 58 号人才大厦 7 层（100071）
电话 /（010）63730074，63783283　**电子邮箱** / fx63730074@163.com

书号： ISBN 978-7-5209-0294-6
定价： 59.00 元

（如有缺页或倒装，本社负责退换）

译者序 | Preface

“不从历史中吸取教训的人注定重蹈覆辙。”

——温斯顿·丘吉尔

2022年末ChatGPT面世，至此生成式人工智能（AIGC）进入大众视野。前不久，OpenAI宣布推出全新的模型“Sora”，更被称为是能够理解和模拟现实世界模型的基础，也让人们再次看到了AIGC的无限可能。根据埃森哲2022年报告，近75%的企业已将AI整合至自身业务战略当中，正在加速部署AIGC的落地应用。正如作者科特在这本书里讲的，科技对组织变革的重大影响是不容小觑的！从微观层面来讲，由于AIGC的“知识涌现”特征，其可以完成创造性和逻辑推理的工作内容，这使得组织变革的影响主体范围扩大。2023年3月麦肯锡全球研究院研究报告指出，AIGC冲击的职业不再局限于蓝领，反观对像客户互动、办公室支持、IT专业人士、创意与艺术、商业/法律专业人士等的影响更大。这意味着更多职业人群的工作内容、工作形式及工作流将发生改变。从组织层面来讲，AIGC 打破了专业之间的壁垒，会赋能每个员工成为复合型“超级个体”；信息高度透明，部门间信息共享程度更大，边界变得模糊，组织形态可能会更加呈现高流动性、小而精的特点。

在这次颠覆性的技术革命来临之际，可以预见的是组织变革势在必行，也将变得愈加频繁。然而，组织变革的道路从不是一帆风顺。麦肯锡报告指出，企业数字化转型的失败率高达 80%。在这样的背景下，科特的这本书仍然如指南针一样，值得大家再次阅读和思考。该书主要从以下几个方面为业界人士提供关于推行组织变革的指导：如何诊断和应对变革阻力、意识到组织变革常见的错误、实施组织变革的八个阶段，及领导力引领组织变革。

科特用了 10 年的时间以一百多家不同规模和行业的公司为调研对象，总结提炼了组织变革的不同阶段存在的常见错误、抵抗变革的四种常见理由及相应的应对策略。这些策略包括教育与沟通、邀请潜在抵抗者参与和投入变革中来、为抵抗者提供协助和支持、为抵抗者提供一些激励措施、操纵和合谋、采取强制性手段。以上手段各有不同的适用场景、优势和局限。面临不同的变革情境，管理者应该采用不同的方式或者方式组合。比如：若变革发起者需要从他方来获得信息和承诺，进而才能推动变革的设计和实施时，那么教育与沟通和邀请潜在抵抗者参与变革的方式组合更奏效。强制性手段通常作为最后的选择。当变革对组织生死攸关，而其他方式都未能奏效时，强制推行变革可能是唯一的出路。然而，这种方式需要配以明确的指引和监督，以确保变革的顺利进行。

科特还提出了一套指导战略选择和组织变革的系统落地方案，指出人们通常需要经历八个错综复杂的阶段，从营造紧迫感到将变革融入文化，每一步都至关重要。这些阶段不仅为管理者提供了清晰的变革路线图，更为组织发挥人工智能对新质生产力的引擎作用提供指导。

领导力引领组织变革。科特通过十个“观察”，提炼了提升变革领导力的关键策略。比如：“网络”和“互依性”强调了领导者需要通过复杂的人际网络来达成目标，不仅要投入时间和精力来建立与下属的良好关系，还要重视向上管理你的“老板”；通过建立义务感、提升专业性、建立管理者的认同、让他人依赖自己的方式来提升个人影响力，是领导者在必要时影响那些他或她所依赖的人，并避免因任何人的行为而受到伤害的有效途径。

科特的《领导力的本质》不仅是组织变革的指南，更是领导力提升的宝典。在人工智能技术推动下，组织变革变得愈发频繁和复杂。本书提供的变革管理框架和领导力策略，对于帮助管理者应对变革挑战、引领组织可持续发展具有重要的指导意义。

在阅读本书时，科特希望读者能够结合自己的实战经验，深入反思和应用书中的理念。他相信，当读者在阅读过程中与自己的经历产生共鸣时，真正的智慧才会显现。让我们一起在人工智能时代，借助科特的智慧，引领组织变革，帮助企业找到第二成长曲线。

郑晓明

清华大学经济管理学院长聘教授、博士生导师

中国工商管理案例中心主任

目录 | Contents

1

世纪之交的领导力[①]

在过去的三十年里，我一直在关注组织的管理层这个群体，试图记录他们的行为，并探究这种行为背后的动机，以及他们的选择给其他个体和企业带来的影响。最初，我并没有明确地将“领导力”作为研究的核心关键词。实际上，在我的早期著作中，也很少甚至没有提过该词。然而，不可否认的是，我的研究最终都指向了“领导力”这个方向。这一点对我们所提的“管理”工作性质的不断演进具有重要意义。

经过十四项深入的研究、超过一千次的访谈以及对多位高层领导的实地考察，再加上大规模的调查，我坚信：无论在组织的高层还是基层，现代的多数组织都明显存在领导力不足的情况。这种现实与应有领导力水平之间的差距不仅仅是10%，而是高达200%、400%，甚至更大。请注意，我并不是说那些担任管理岗位的领导者不够出色或缺

① 原序，写于1998年。

乏能力。恰好相反，担任管理职务的领导者往往都很聪明、经验丰富，而且勤奋努力，有些人甚至可以称得上是“非凡”。尽管这些管理者几乎都在做他们认为对的事情，但鲜有人能够满足当今商业、政府以及各行各业对领导力的需求。

有观点指出，历史上一直存在缺乏高质量领导力的现象。这或许是事实，但也不尽然。有一点可以肯定，在21世纪，随着商业环境的动态变化及竞争愈演愈烈，要想实现企业的可持续发展，必须有更多的领导者站出来。如果缺乏这种领导力，组织将会停滞不前，迷失方向，最终遭受无法挽回的损失。

当然，这里的核心问题不在于领导风格。常听人说，我们需要一个“新的领导风格”来适应新世纪的挑战。在全球化背景下，员工的教育水平和素质越来越高，也使得领导风格不得不更新。当然，“风格”并不是关键，真正重要的是领导力本质。它关乎工作中的核心行为，而不是表面的细枝末节和战略策略。无论时代如何变迁，文化或行业间差异如何，领导力的本质基本是不变的。

有人声称，企业绩效受众多内外因素的影响。因而，领导力不足对企业绩效的影响也微乎其微。总体而言，我同意这一观点。的确，组织绩效会受到多种因素的影响。然而，必须明确的是，这些因素中大多数都会受到出色或糟糕的领导力的影响。当领导力的引导方向错误，或缺乏指引，抑或步调缓慢而跟不上组织运转轨迹时，后果可能是悲剧性的。在极端的情况下，企业会倒闭，员工会失业，客户、社区和金融利益会受到损害，职业生涯也可能岌岌可危。在不那么极端的情况下，企业表现不佳，会面临着与处于经济低迷时的竞争对手相同的后果，只是程度较轻而已。这些失败通常体现在很容易识别但又很细微的指标上。比如，虽然一家企业的业绩与其竞争对手持平，但是基于该企业的资产和起点，它本应有更好的业绩。

然而，相比冷冰冰的指标，更令人深受触动的是这些实实在在的员工故事。面对专制无道者、无能者，甚至是那些本意善良但欠缺领导力的上级时，有些员工承受了巨大的痛苦。不管是公开抗议还是选择沉默，这种痛苦可能都是巨大的，这些人可能因无效的重组而被裁员，或者因经营不善而承受沉重压力。

当把这些真实情况摆在最高层管理者面前时，很多人会找很多理由辩解，或者内心抱有异议。“是的，我们可以做得更好，但是……”“竞争迫使我们去……”“在一个……行业里，你期望发生什么呢？”通过这些直接而尖锐的对话，你通常能区分出哪些高管真正懂得领导之道，而哪些却对领导力一知半解。

领导力缺口背后的原因繁多，而修复它又因为种种条件而变得尤为棘手，其中主要难点便是复杂性。但是，问题并不在于有领导力潜质的人少。即使只有百分之一的人具备这种潜质，全球范围内也会有数千万人能担任领导的角色。事实与之迥然不同，这向我们传达一个重要信息：教育机构、组织，甚至很多家庭在培养领导力方面都存在不足之处。

许多组织虽然声称培养人才，鼓励成员扮演领导者角色，并从失败和成功中吸取经验教训，却忽视了在组织内部挖掘领导潜力，也没提供相关培训或领导力榜样。更有甚者，许多组织会惩罚那些在试图展现领导力的过程中犯小错的人。此外，个人也常常限制了自己，未能实事求是地评估自己的发展需求，也未主动采取行动来寻求满足这些需求的方法。

有时，人们有关领导力要点的认知混乱会让我感到震惊。人们谈论的“领导力”有时会更接近于“管理”。他们对领导力的看法仅停留在命令式的风格，认为多位领导者会让局面变得更加混乱。更有人会使用某种“模糊”的术语来描述领导力。我曾多次目睹一些聪明人陷入上述混乱的思维陷阱。当这样的观点来自有能力的人时，我们就更应该意识到：深入理解领导者的真正职责是非常紧迫且必要的。

10 种观察

我的研究成果在十多本书籍和一系列文章中有所展示。其中，1979 年至 1997 年在《哈佛商业评论》(*Harvard Business Review*)上发表的六篇文章是最核心的研究成果。这六篇文章连同我的综合评论，构成了本书的核心内容。

本书汇集的内容主要探讨了如何应对管理中所面临的各种挑战，以及有效或无效应对这些挑战之间存在哪些差异。本书的第一部分：明确聚焦领导力和变革。这是我认为过去几十年中，在组织活动中变得愈发重要的一部分。第二部分：揭示当代管理的实质并非行使权力，而更多的是如何处理互依关系；管理者是如何处于比任何组织结构图都更复杂的互动网络中的，其中不乏与有影响力的人士互动；从这些深入观察中，我们可以获得哪些重要启示。现在，我比在写这些文章的时候更明白，上述两部分之间贯穿如下主线：更多的变革需要更多的领导力，这将管理者置身于更为错综复杂的互动网络中。

这一认识源于我的观察：在管理岗位上表现最为出色的人往往打破了传统刻板的管理行为模式。后来，我认定这种“不寻常”的行为与领导力密切相关，而领导力又与变革有着紧密的联系，这正是我们这个时代的一个核心主题。

1998 年回顾这六篇文章，通过精心整理，我将所有核心思想浓缩并总结为十个相互关联的主要“观察”（详见表1-1）。每种观察都反映了管理者所处工作环境中不断发生的重要变革。技术、竞争、市场的全球化，以及劳动力结构等关键力量驱动着这些变革。这些力量加快了变革节奏，20世纪中期的稳定局面不复存在。在新形势下，管理者既要进行渐进性变革，又要进行革命性变革。

在20世纪中期，存在寡头、垄断以及阻碍全球竞争的众多壁垒，革命性变革并不那么必要。行业变化速度较慢，这对组织变革的需求也相对较少。通常在这种情况下，渐进性变革就能满足需求。如果是重大变革的话，也需要每十年或二十年才会发生一次。如今，这种行为在各行各业已不再适用，甚至还可能引发悲剧。因此，在过去几十年里，人们为促进组织转型投入了更多精力，主要体现在再造工程、重组、重新制定战略、质量计划、文化变革，以及兼并与收购等方面。

表1-1　关于“管理行为”的十种观察

1. 对于管理者而言，组织内任何重大变革的成功之路通常是相当耗时且高度复杂，绝非轻而易举就能实现的。而机会主义型管理者往往跳过变革的阶段或按错误顺序进行变革，结果他们很少能实现个人抱负。
2. 尽管变革通常是一个复杂、多阶段的过程，但无论环境如何，具有变革目标的有效管理者采取的一些关键行动会因情况而异，以适应情境里的关键突发事件。对特定情况不敏感和一刀切的态度，都可能会导致灾难。

续表

3. 受 20 世纪历史和企业文化的影响，许多人，甚至包括有能力和充满善意的管理者，在尝试进行重大且非渐进性变革时，通常会由于多种原因犯一些可预见的错误。
4.“领导力”不同于“管理能力”，任何重大变革成功的主要动力是前者而不是后者。没有足够的领导力，犯错的可能性就会大大增加，而成功的可能性则会相应降低。不论变革采取何种形式，也不论是新战略、再造工程、收购、重组、质量计划还是文化重塑等，上述道理始终如一。
5. 由于变革速度的加快，领导力已成为管理工作中越来越重要的一部分。然而，很多“一把手”尚未意识到或承认这一至关重要的观点。
6. 越来越多的管理者被视为能够制订具体计划（管理之道）和构建清晰愿景（领导艺术）的高手。他们通过明确的组织层级（管理）和错综复杂的人脉关系网（领导）来建立执行网络，并且通过控制（管理）和激励（领导）来推进议程。
7. 管理能力倾向于通过正式的层级结构展开，而领导力则不是。随着变革愈演愈烈，传统组织边界被打破，组织结构更加扁平化，外包形式更加普遍，而对领导力的需求也日益增长，管理者被置于更加复杂的关系网络中。
8. 随着管理工作逐渐成为“领导”的一部分，领导者更需要通过复杂的人际网络来达成目标。这使得管理工作不再仅仅是施加权威，而是更多地依赖与他人的协同合作。
9. 在管理工作中，除了阶层和正式权威，一旦人开始思考“网络”和“互依性”等诸如此类的因素，积极的影响会随之而来。这也使得一些传统上听起来奇怪或不合理的想法，比如“管理”你的老板，突然变得重要起来。
10. 管理者 / 领导者每分钟、每小时所做的事情很难符合关于经理、英雄领导者或高管的刻板印象。这或许会给从事管理工作的人，尤其是新人带来相当大的困惑。然而，如果考虑到多样的任务（包括领导和管理工作）、复杂的工作（包括维持和变革）以及伴随领导地位而来的关系网络（远远超出正式层级）的复杂性，管理者 / 领导者的日常行为便不难理解了。

观察 1

对于管理者而言，组织内任何重大变革的成功之路通常是相当耗时且高度复杂的，绝非轻而易举就能实现。

在最为成功的变革努力中，人们通常需要经历八个错综复杂的阶段：（1）营造紧迫感；（2）组建足够强大的团队，来引领整个过程；（3）提出恰当愿景；（4）广泛传播这一新愿景；（5）赋予员工权力，让他们能够付诸实践，来实现这一愿景；（6）取得足够丰富的短期成果，来提升"成员努力"在他人眼中的可信度，并削弱反对力量；（7）积聚并善加利用这股动力，来着手解决更为棘手的变革难题；（8）巩固新行为准则、融入组织文化之中。

上述变革八个阶段的成功实施需要时间。不管组织的规模如何，仅仅是第一阶段——营造紧迫感——就可能需要数月的时间才能完成。在制定合适的愿景和战略方面，尽管几周也可以完成，但通常需要 12 个月甚至 24 个月的时间。要使一套新的规程能够持续下去，而不致随着时间的推移逐渐消退，通常需要数年的时间。那些目光短浅、反应迟缓的管理者或许很难理解为何变革需要这么长的时间。他们往往试图迎头赶上竞争对手，因此很容易受到跳过一两个阶段或过快推进变革过程的诱惑。然而，这种做法通常只会导致组织再造和重组以渐进的方式前进，而且常常伴随着巨大的代价。

人们有时候可以迅速而轻松地营造出变革成功的表象。一项大规模的收购完成了，结构和系统得到了调整，整个过程似乎只花了五个月。然而，外表有时会欺骗人。在任何规模的收购中，最大的挑战是融合两种（或更多）企业文化。并购五个月之后，文化融合通常才刚刚开始。然而，如果忽视这个变革部分或处理不当，在未来几年甚至数十年内，问题便会不断浮现。两种运营方式和两个团队之间必然会发生或大或小的冲突，导致偏离企业真正的核心业务。

观察 2

尽管变革通常是一个复杂、多阶段的过程，但无论环境如何，有效管理者为实现变革目标所采取的一些关键行动会因情况而异，以适应情境里的关键突发事件。

对于愿景在变革初期应当被固化的程度，涉及决策和实施愿景的人群规模，以及应对各方反对意见的敏感度，大家的观点和理解各有不同。

在特定的环境中，我们需考虑多种影响因素来做出明智的选择。比如：预期的反对强度（反对越强烈，变革实施越具挑战性）；涉及的风险（风险越大，哪怕要花费更多的时间，也要确保愿景是正确的）；组织内部基层员工在多大程度上需要构建或实施愿景（若对员工的依赖比较高，那么就需要提升这部分群体的决策参与度）。

在管理变革的过程中，人们往往习惯性地沿用曾经成功的策略，而忽略了新环境的特殊性，这会引发新的问题。比如，培训策略在过去成功地为变革提供了助力，也赋能给了员工。当问题主要出在监督者和经理的不配合上，而非员工知识匮乏时，管理者仍可能沿用惯用的策略——重视培训。或者，如果一种基于“快速行动”的策略在历史上一直运作良好，即使目前需要更多的时间来应对一群更为强大的抵制变革的员工，高管们仍会采用旧的策略。总之，一个策略用得越久，我们越可能对新的挑战视而不见，好比有一把用得称手的锤子，容易让我们把每个问题都看作钉子。

观察 3

在试图进行重大、非渐进性变革的过程中，出于多种原因，即便是最有才干和有着良好意图的领导者，也可能走入一系列可预见的误区。

并非能力不足的人才会失败，实际上能力出众的领导者有时会因过于自满而走入变革误区。他们可能组建了实力不足的领导团队，或是没有确立清晰的愿景，或者在愿景传达上不够明确，抑或是未能排除实施过程中的种种障碍。他们或许没有周全地计划何时用初步变革的成果来赢得大家的变革支持与信任，导致在初见成效时就过早地认为胜利在望。他们未能将新的策略与组织文化紧密结合，或者没有构建出完善的文化体系以支撑这些新策略。从更具体的策略层面来看，他们可能在需要坚定立场的时候选择妥协，或在需要开展深入沟通的情境中过分纠结于细节，有时候甚至在需要支援与鼓励的情况下却选择了操控的手段。

若我们都能拥有丰富的变革经验，就可以很大程度上避免这些常见的错误。遗憾的是，能够培养这种变革经验的情境日渐稀缺。许多人都是在相对稳定的环境中受教育和成长的，只学会了维持现状或进行微小调整，而不能在大变革时展现出应有的领导力。

观察 4

对于变革而言，领导力的议题显得尤为重要。这是因为领导力不同于管理，而任何成功的变革更多依赖前者。缺少恰当的领导力，犯错概率便会大幅度增加，而成功概率也会相应降低。

我所描述的领导力是关于愿景和战略的不断完善，让相关成员与战略目标保持一致，克服一切障碍，赋权给个体以使愿景成真。这与管理形成鲜明对比。管理涉及通过计划、预算、组织、人员配备、控制和问题解决来保持当前系统的运行。领导力通过人和文化发挥作用，是宽容和感性的；管理则关乎层级和系统，更为严格和理性。

管理和领导之间的区别既不是随口说说，也不是语义上的差异。相反，厘清两者之间的差异不仅重要，还有助于减少一系列混淆。认为管理就是领导的人虽然会管理变革，并将变革过程控制在一定范围内，但这部分人无法提供实现更大、更具挑战性飞跃所需的要素。

不“领导”的高管们注定会掉入一系列陷阱。他们往往不够重视紧迫性，低估了建立一个强大联盟来引导变革的必要性。只制定计划和预算，而没有设定明确愿景或实现愿景所需的策略；几乎没有向大家指明新的方向；未能消除足够多的障碍，使员工能够按照愿景采取行动；过早地宣布胜利；没有将组织文化中的新方法制度化。

这里的要点并不是说领导是好的，管理是坏的。它们仅仅是有所区别，并且服务于不同的目的。管理的根本目的是保持当前系统的运行。领导的根本目的是产生有益的变革，尤其是非渐进性变革。任何一方过多或过少都是不行的。换言之，“没有管理，只强调领导力”会引发混乱的局面，组织可能会直接跌到悬崖；“没有领导力，只强调管理”则可能使组织深陷致命的官僚体制之中。

观察5

由于变革速度的加快，领导力已成为管理工作中越来越重要的一部分。

几十年前，一个产品的生命周期可能是15年，而现在，同类产品生命周期只有4年。30年前，要回应客户投诉可能需要很多天，而现在必须在几小时内解决。40年前，组织每10年或20年会更换一批电脑，现在可能每3年就要换一次。因此，现在高效的高管可能有高达80%的时间用于领导相关的工作，而不久前这一比例只有40%。即使在基层管理岗位，领导相关工作也可能占据至少20%的时间，在快节奏的行业里，这一比例甚至会更高。

上述“管理”工作性质的转变至关重要，这是由于领导力和管理之间存在的巨大差异。想象一下，原本只做会计的工作，现在突然还要演奏钢琴。抑或，以那些在小餐厅弹钢琴的兼职人员为例，这就如同他们不仅要成为交响乐团的关键成员，同时还要处理会计事务。这种变革对许多人来说都是具有挑战性的，对有些人来说甚至是不可能的。但是，混淆什么是会计，什么是钢琴演奏会使问题更加复杂。

同样，在现代企业环境中，对“领导”和“管理”定义的模糊认知加剧了问题的复杂性。因此，虽然人们被期待展现领导才能，但他们往往更多地沉浸于管理工作中。当他们的付出没有得到上层或客户的肯定时，他们会感到沮丧。由于领导与管理之间的界限不明确，我们经常看到管理者与管理者联手，而非领导者与管理者共同组队以应对挑战。纵使有人展现了领导力，他们却也常常被认为是可能带来麻烦的“异类”。

由于那些负责组织运营的人现在既要负责管理又要领导，职位的复杂性增加了，这要求用一些新的词汇来描述。

观察 6

越来越多的管理者被认为是那些能够制订具体计划（管理之道）和构建清晰愿景（领导艺术）的高手。他们通过明确的组织层级（管理）和错综复杂的人脉关系网（领导）来建立执行网络，并且通过控制（管理）和激励（领导）来推进议程。

是规划还是构建愿景，是强调组织层级还是搭建同级关系网，是控制或是激励，这些比例的分配都因个人倾向和工作需求而有所差异。通常而言，一个人在组织中的职位越高，他或她就越需要从事领导工作。

当我们讨论管理行为时，行动议程与关系网络这两个广泛的概念是有用的，超越了单一的领导与管理分类，使我们能更系统地看待问题。无论是纯管理者还是纯领导者，尽管方法和重心有所不同，但都会制订议程并发展网络。在如今复杂多变的商业环境中，很少有情况只需要其中之一，通常需要这两种类型的行动。

领导力热衷者可能倾向于放弃传统的术语。然而，哪怕是对领导力要求极高的职位，管理仍是其不可或缺的部分。通过行动议程与关系网络，我们不仅可以从对规划和控制的单一讨论，扩展到对愿景与启示的探索，还可以整合两者，提炼最佳思维。

观察 7

“管理”倾向于通过正式的层级结构展开工作，而领导力则不是。随着变革对组织领导力提出更多的需求，管理者被置于更加复杂的关系网络中。

在一个较为稳定的商业环境中，管理是主要活动，而关键职位通常通过等级制度来运转。因此，正如组织结构图所示，员工通常向下关照下属，向上向直属上司汇报。然而，在今天这个日新月异、充满变革的时代中，领导力的提升变得尤为重要。此时，那些并未明确列于组织结构图上，但对组织至关重要的无形资产，例如企业文化，成为变革的关键驱动力。

当然，考虑到新产品策略可能涉及创建全新的信息系统、新绩效评价标准、新岗位，以及员工心态的调整，负责引领这些变革的高层领导必须深入并持续关注企业的各个领域。如果他们仅将注意力放在管理下属上，而疏忽了如人力资源、信息技术部门，以及其他致力于实施变革愿景的团队，那么，这种领导策略难以取得成功。

观察 8

随着管理工作逐渐成为“领导”的一部分，领导者更需要通过复杂的人际网络来达成目标。这使得管理工作不再仅仅是施加权威，而是更多地依赖与他人的合作和协同。

在组织中，有些员工尽管处于底层且看似不显眼，但其机敏的策略和行为却可能对关键管理者带来挑战或者助力。例如，在电影和电视剧《陆军野战医院》（*M.A.S.H*）中，雷达（Radar）虽只是一名普通士兵，但他可以影响上校的决策和行为。在一个充满了众多雷达式角色的环境中，管理者不得不更加关注与组织内外的各方互动，并认识到彼此间深度的依赖关系。

“依赖”这一议题并不新鲜。从 20 世纪 30 年代开始，该议题便引起了人们的关注。但是，人们在正式场合却很少或仅蜻蜓点水式地提及该议题。尽管讨论像权威、责任、控制范围和组织结构等话题确实是有价值的，但是这些讨论过于偏向正式权威和管理层级。在我是助理教授初期，就深感管理职位的在位者本身就依赖他人，比如组织结构以外的人员。因此，与其仅仅强调在位者的正式权威，不如更加关注这些相互依赖关系。这种观点对某些人来说或许并不新鲜，但对于那些习惯于优先考虑权威的人而言，却是出乎意料的。

我指导的一些MBA学生，特别是那些管理经验较少的学生常常困惑于和他人之间的互相依赖关系。他们之所以对管理工作感兴趣，主要原因是它所带来的权力感和控制力。但是，当他们意识到未来的职业发展可能要求他们更多地与他人协同，而不是单纯地行使权力时，就会变得不安。

观察9

在管理工作中，除了阶层和正式权威，一旦人开始思考“网络”和“互依性”等诸如此类的因素，积极的影响便会随之而来。

在管理工作中，单纯地下达命令不再那么有用。而与网络中的人构建和维护良好关系成为在位者更为核心的挑战。显然，我们的关注不应仅限于直接下属。为了公司的整体利益，我们也需要积极地维护与上级之间的关系。

1979年，当我提及该观点时，很多人会觉得奇怪。在一个重视组织层级和命令链的管理思维里，除了政治情境，“管理上司”（MTB）这个概念似乎没有太大意义。然而，优秀的管理者在面对能力欠缺的上级时,会采用“管理上司”的策略，确保这些上司能更有效地辅助自己开展管理工作。同时，优秀的领导者总是带领所有相关人员前进，其中上司始终是关键的一环。

良好的管理能力和领导力，特别是领导力，包括善于管理上司。这需要了解上司及其背景、进行自我评估并明确自身需求，进而建立和促进与上司之间的双赢关系。这种关系是以彼此期望被满足、及时向上司更新信息、彼此信任和诚实为基础，这也要求在位者会合理运用上司的时间和资源。这种做法不仅有助于日常管理和转型工作，特别在转型期，还能避免被贴上“独行侠”的标签。因为大多数组织并不欣赏“独行侠”式的行事风格。

观察10

管理者/领导者每分钟、每小时所做的事情很难符合关于经理、英雄领导者或高管的刻板印象。这或许会给从事管理工作的人，尤其是新人带来相当大的困惑。然而，如果考虑到多样的任务（包括领导和管理工作）、复杂的工作

（包括维持和变革）以及伴随领导地位而来的关系网络（远远超出正式层级）的复杂性，那么，也就容易理解管理者/领导者为什么会有这样的日常行为了。

在实际工作环境中，我们观察到的“管理者”或“领导者”的日常行动和职责，与想象的“能干的管理者”或“前瞻性的领导者”形象大相径庭。在日常实践中，高效的管理者经常与众多人进行交流，其中一些人可能都不是自己的直接下属。这些管理者不仅关心自己的业务领域，更多时候是在询问他人而非发号施令。实际上，真正涉及“关键”决策的时刻并没有那么多。他们与下属轻松幽默的对话拉进了团队成员间的关系。尽管他们的行为看起来似乎随意或不系统，但他们实际上是非常高效的，能够迅速地处理领导和管理的多项事务。

当你深入观察高效的执行官，可以洞察到这些方法背后的内在逻辑，但这逻辑是颇为精妙的。由于相对于其他管理或商业议题而言，这些策略很少被研究或教授，很多执行官自己也很难描述他们做了什么以及为什么这么做。

世纪之交的思考

通过回顾 1998 年的“十大观察”及其详细内容，我有了更为深入的一些思考。随着时间的推移，我见证了许多行为产生的长远影响，看到了高道德标准如何产生惊人的经济效益，甚至明确了道德、领导力和卓越绩效之间的关系。因此，我现在更多地关注帮助客户，而不是过多地强调“管理上司”；我更倾向于探讨新产品的开发，而不是策略性的操纵。当然，为了满足客户需求和开发新产品，某种程度上确实需要“管理上司”和“操纵一些情况”。但是，如果这些行为不符合广义的道德标准，做得越多就会给他人带来更大的伤害。为了短期利益所采取的这些策略，从长远来看，可能会削弱个人的领导力。对某些人来说，这一原则听起来是正确的，也许是显而易见的，但似乎意义有限。而在我所见过的人中，伟大的领导者都认为这一原则具有重大意义。

与我 1987 年首次探讨此话题相比，虽然人们更明晰领导与管理之间的差异，但是认知程度依然有待提升。当我们谈及“领导力”时，有时我们实际上还是在描述“管理”；有时我们称之为“领导力”，实际是融合了领导力与管理的元素；当我们期望某些人展现某种领导力时，无论他们实际上做了什么，我们还是称其行为是“领导力”。上述混淆表明人们还是普遍缺乏对“领导力”真正含义的认识。

如果不明晰领导力的真正含义，会引发以下一系列问题。人们难以锻炼和掌握有关领导力提升的关键技能；培训也可能因此失焦，偏离其本应关注的核心；可能还会选拔出不合适的人担任关键职务。更为关键的是，许多有能力的人虽然在推动变革，但由于缺少必要的领导力而在实际工作中未能做出正确的决策。尽管他们尝试着管理团队，但没有真正激励团队去面对各种挑战。他们虽然能维持企业的正常运转，但可能错失了新的发展机遇，或未能及时规避新出现的风险。

我接触的优秀企业都在努力明确管理和领导力之间的界限，甚至有的企业非常幸运地拥有这个时代的卓越领导者。但是，对大多数组织而言，理清这两者的界限仍是一项持续的挑战。这些年来，我看到了诸多所谓的“管理能力”清单，不仅把管理、领导以及其他技能的元素混在一起，甚至还遗漏了一些关键点，也没明晰这些能力之间的优先级。我相信真心为企业着想的睿智人士能够做得更好。

为了应对日益重要的变革议题，澄清领导力与管理之间的差异显得尤为必要。更多的变革意味着需要更多的领导力。如果我们无法准确识别并补充那些缺失的关键领导力元素，变革将会变得异常困难。

在历史长河中，变革是亘古不变的。尽管一些有洞察力的人认为，今天的变化速度与过去的 50、100 或 1000 年相比差别不大，但我的观点与之不同。我亲眼见证了许多产品生命周期从 20 年缩短到 10 年，或从 5 年缩短到 2 年。信息技术的进步对我们生活的影响也日益加剧。此外，全球性事件带来的影响也从之前的有迹可循到现在不仅快到无法琢磨，波及面也很广。我很难想象这种趋势会有所放缓，这也使得领导力话题变得更加必要和重要。

当下的全球经济体系中，大约有 10 亿人（总人口 58 亿）通过商品和市场实现了紧密的连接。以德国某个小镇为例，里面的大多数产品和服务并非镇内生产，而是来自更广阔的经济圈。当然，对于印度、伊拉克等地的许多小镇，要实现普遍和深入的经济融合仍需要时间。大部分前瞻性的分析者都预测，随着多种因素的共同推动，全球化的速度只会越来越快。那么，将会有更多的人口加入彼此交织的经济网络，这也给企业带来前所未有的机遇、挑战与变革。如果全球经济体系中有 20 亿人，那么它的活力将超过现在的 10 亿，而到了 30 亿，复杂性将更上一层楼。

直到不久前，我还保持谨慎的态度，认为科技不太能引起重大的变革。长期以来，专家总是过分宣传科技对我们生活的影响，以至于他们在我眼里失去了可信度。然而，眼下的情况似乎表明，我们正在从工业时代步入一个全新的时代，这个变化所带来的深远影响真的让人震撼！

科技时代到来的一个明确迹象是，如今世界上最大的咨询公司都曾是审计公司，他们现在的所有工作都与 IT 相关。仅安盛咨询公司[①]一家每年的业务就达到数十亿，而审计顾问的数量几乎每年都以两位数的速度增长。如果你在 1968 年我大学毕业时告诉我，日后安盛咨询会比麦肯锡大十倍，我认为即使是大多数技术狂热者也会认为这不切实际。

尽管有观点认为，受教育程度越来越高的劳动力只是新信息时代的自然产物，但这种趋势无疑也带来了诸多影响，至少会影响变革和领导力。只接受过基础教育的人可能将职场变革视为一种威胁。相对而言，拥有电气工程硕士学位的人可能会希望在一定范围内推动变革。此外，后者也更难以完全服从缺乏领导力的上级。

在当今的管理背景下，适应 21 世纪、随时准备变革的组织，不应仅在大规模变革的初期感受到紧迫性，而是应该时刻保持这种紧迫性，避免陷入自满的陷阱。这样的企业重视团队协作，以便迅速组建推动变革的联盟。他们在各个层级都设定了清晰的愿景，并会及时更新这些愿景，同时持续并广泛地传达新的理念。他们也会鼓励和赋能员工创新。对于具有这些特点的组织而言，变革的完成原本可能需要 5 年时间，现在或许只需一到两年的时间。这也使企业更能及时应对外部迅速演变的竞争环境。

---

① 2001 年更名为埃森哲咨询公司。——编者注

为了更有效地应对变革和领导力的挑战，卓越组织中的高层管理者已逐步将更多的管理职责交予下属。他们还对组织进行了有意识的简化，剔除了不再有价值的旧习惯和流程。上述策略释放出了高层管理者的时间，使他们更专注于真正的领导工作。当然，一方面对于这一变革，部分人员可能会感到不安，甚至产生抵触情绪。但另一方面，也有不少人将这种变革视为一种福音，一个期待已久的机会，可以有时间做自己长久以来认为必要的事情。

而未能从高层下放更多工作及去除不必要活动的组织，其高级管理者越来越感到耗竭和疲惫。50 小时的工作周延长到 60 小时，然后是 70 小时，压力也随之增加。在这个微管理的世界中，决策堆积如山。当人们试图保护自己时，狭隘的政治往往会占据上风。结果，组织受到了极大的伤害。

在避免这些阻碍、从高层下放更多管理职责的优秀企业里，首席执行官往往更专注于“核心目标”相关议题。这并不是表面上的使命宣言，而是针对如下类似问题的思考：我为什么想在这里工作？我们做的事情的意义是什么？如果没有明确的目标，而且是令人信服的目标，受过良好教育的员工很容易沉浸在“呆伯特（Dilbert）[①]”式的办公室沮丧状态中。

---

① Dilbert（呆伯特）是史考特·亚当斯（Scott Adams）漫画书籍的主人公，是一个不受异性跟上司青睐的单身男性工程师。——译者注

在那些成功地将管理职责从高层向下分配的企业里，中层经常（但不总是）被要求将其日常职责委托给下级主管和团队。借助信息技术，中层管理者比以往的高层更能高效地管理企业。然而，面对这样的变革，部分中层管理者持有抵触态度。他们常常辩称，下属缺乏自我管理的能力，一旦给予他们更多的自由，他们可能会失败或者只为自身利益而行。当然，一些中层管理者对此有着完全不同的看法。他们并不反对变革，而是对这种变革充满期待，认为变革能解放双手，让他们有更多时间和精力去关注那些至关重要的任务。

为了真正掌握新的职责领域，无论员工在组织结构中的位置如何，每个人都需要不断地自我成长和发展。这同样适用于那些选择与时俱进而非持有抵触态度的人。在这一成长道路上，出色的榜样具有无可估量的价值。当然，适时的培训也是关键助力。另外，一个能够宽恕小失误、不会过分斥责员工的企业文化是至关重要的。这样的学习过程往往并不轻松，并不会立即见效。但若忽视成长，则会极大地不利于企业的持续繁荣和员工的长期福祉。

今天，我同样感到惊讶的是，人们仍然执着于改变组织结构图、职务描述以及工作场所中任何明确、可视、有形的元素——以此作为推动实质性变革的主要手段。这并不是说正式权威的分配或正式关系的安排不重要。相反，它们的确很重要，关系到组织的稳定性。只是对于真正的变革而言，它更与非正式的网络关系息息相关。因此，当面临转型和变革时，正式的权威和关系往往只占其中一小部分。每位 30 岁以上的管理者都应至少对此有所了解，这样就不至于在遇到挑战时，就做一些框架等表面上的简单调整。

简而言之，再造革命在很多情况下，过于刚硬的工程式思维会使问题变得复杂化。这就导致了一个观点：硬性手段是入门方式，而柔性手段是高级玩家。除了 1982 年《追求卓越》（*In Search of Excellence*）一书出版后的十年之外，这基本上是 20 世纪的常态。像我们这样的顾问可能让问题变得更糟。在大量再造项目需要紧急完成的情况下，我们往往只会简单地调整组织架构，而不是深入处理更为微妙、更为复杂的员工行为问题。因此，即使管理层和员工还未完全适应已有的组织结构和技术，不少组织就盲目地转向全球矩阵模式，并过多引入新的 IT 系统。此外，在面临改变组织行为的挑战时，我们往往仅仅停留在重写职务描述的层面，而忽视了培养真正的领导力。

重温这六篇文章及其相关评论后，我再次被管理工作的复杂性震撼到。管理工作不仅需要在位者有出色的管理技巧，还要具备一定的领导才华。尤其是那些位于组织金字塔顶端的在位者，他们更需要有很高的领导力水平，才能更好地应对不断变化的商业环境。具体而言，他们需要娴熟地处理复杂的计划和控制系统、组织架构和人员系统；在错综复杂的关系网络中游刃有余，并借助这些关系来塑造并传达愿景；在激励和控制之间找到平衡。

在一定程度上，我们的文化（社会）未能充分认识到上述管理工作的复杂性和成功经营企业的人对社会做出的贡献。这并不是说比尔·盖茨从未被视为英雄。只是说相对于真正了解其工作内容和价值的少部分人而言，更多人认为他本人获益良多，而对社会的实际回馈有限。

关于本书探讨的主题，极具影响力的娱乐业传达的许多误导性信息真是令人担忧。通过看电视剧，观众很容易得出一个观点：管理职位的人，特别是在大企业的管理者，似乎只是为了牟利和取得成功。这种描述或许听起来过于夸张，但最近我浏览的一项研究指出，在电视上描绘的大多数企业高管都涉及某种犯罪活动，有的人非常狡猾，有的人则有些愚笨。很少有角色会展现这样的形象：他们作为父亲和母亲不仅关注家庭，在工作中也努力承担重要责任、为美好社会而努力。考虑到媒体具有很大影响力，我们不得不担忧上述荒唐描述所带来的后续消极效应。

尽管当下有人质疑早期教育的有效性，但我坚信 K-12 阶段（从幼儿园到高中的教育体系）的教育比电视有更深远的影响。遗憾的是，无论是公立还是私立学校，它们很少为学生提供与管理相关的培养和教导。更让我担忧的是，学生所获得的知识还存在一些消极偏见，比如“管理者仅仅是为了赚更多的钱而经营企业”。在这种观念下，追求利润往往与其他有价值的目标被看作是对立的。一些声音甚至认为，商业活动对环境和人们造成了伤害。在这种极端的思维中，高层管理者要么与犯罪分子相似，要么被低估了为社会带来的贡献。

对上述描述，教育工作者或许会提出疑问，并提出与此相异的、更为积极的观点。又或许，在一个过分重视金钱利益的社会中，他们认为很难引导更多学生选择如艺术、公共服务或教育等更具价值的职业方向。然而，对于这两种立场，我会尊重地持有异议。

我这并不是主张取消四年级美术课，而开设管理学相关的课程。只是在 K-12 的教育体系中高度赞扬医生和运动员，却对管理者置之不理时，我们必须深思，这样的教育方向是否真正满足了社会需求？实际上，只有很少数的年轻人最终能步入医学院或进入 NBA，而更多的人最终会在管理者领导和运营的各种组织中工作。无论是娱乐界还是 K-12 的教育体系，有关“管理者”的模糊定位和误导潜藏着负面影响。这种教育取向也与强调组织协同的时代格格不入。

所有文章或著作都将传达深邃的智慧作为至高无上的

目标。然而，这一目标常常难以触及。在我看来，当读者在阅读过程中深入思考并与自己的经历产生共鸣时，真正的智慧才会显现。即我期望你不仅仅把这本书看作一堆知识的汇编或选择性读物，而是作为一份能引导你回溯和思考往昔思想之源的工具。这样的阅读方式也更需要你深入地进行自我反思。尽管这颇具挑战，但是考虑到管理职责的重要性，这些努力也是值得付出的。

第一部分

领导力与变革

2

变革战略的选择[①]

——约翰·科特（John P.Kotter）、伦纳德·施莱辛格（Leonard A.Schlesinger）

“要明白，引入新秩序的过程是极其困难的，同时充满了不确定性和未知的风险。”

在 1973 年，世界大型企业联合会（Conference Board）召集了 13 位杰出专家来预测未来 20 年管理领域可能出现的重大问题和挑战。他们的报告共同关注了一个主题：组织对环境变化的应对能力。一位专家这样写道：

“随着变革速度的加快，组织重组的需求将会增加。重组往往引发担忧，因为它打破了现状，威胁到人们在工作中的既得利益，并颠覆了既定的工作方式。因此，出于对

① 该文由约翰·科特与哈佛商学院商业管理学教授伦纳德·施莱辛格合著。作者感谢维杰·萨特（Vijay Sathe）提供的帮助。首次发表于 1979 年 3 月至 4 月的《哈佛商业评论》。

这些问题的担忧，一些非常急需开展的重组工作往往会被推迟，这不仅降低了效率，也增加了成本。”

随后的一系列事件也证实了组织变革的重要性和必要性。如今，越来越多的管理者不断面临各种新的挑战，如政府的新法规、新产品的发布、市场的激烈竞争、技术进步和劳动力形态的多样化。为了适应这些变化，大部分公司或企业的部门至少每年需要进行一次中等规模的组织变革，每四年到五年还需进行一次重大变革。

虽然组织变革很少会彻底失败，但也很少有完胜的变革。大多数变革都会遇到一系列挑战。比如：组织变革所需时间比预期的时间更长的话，会影响团队士气，并且在管理上耗费大量的时间或情感资源。也正因为组织变革暗藏着一些威胁，有的组织连必要的变革也不敢尝试。

本文先探讨了变革阻力，随后通过深入分析一系列成功和不成功的组织变革案例，进而提出一套指导战略选择和组织变革的系统落地方案。

诊断变革中的阻力

在推动组织变革的过程中，经常会遭遇到人们的某种抵抗。虽然许多经验丰富的管理者对此深有认识，但是，令人惊讶的是，他们很少在变革前系统地分析谁可能会反对变革及反对原因是什么。相反，他们往往以过去的经验作为指导方针，凭借“刻板印象”来臆测变革的阻力。比如，他们会认为“工程师具有独立性并对高层管理存在质疑，因此更容易反对变革”。然而，这种主观的推断会引发一系列问题。鉴于个体和团队应对变革的方式有所不同，管理者更需要细致思考而非仅凭直觉，这样才能做出正确的评估。

显然，所有经历变革的人或多或少都会有情绪上的波动。哪怕是表面上看似“正面”或“合理”的变革，也涉及损失和不确定性。正是受多种因素的影响，个人或团队对变革的反应大相径庭——有的消极抵制，有的积极地试图破坏，还有的真心接纳。

为了预测员工可能采取的抵抗形式，管理者需要了解抵抗变革的四种常见理由：不愿失去某种价值、误解了变革的意义及其后果、认为变革对组织无益，以及对变革的容忍度低。

狭隘的自利主义

担心因变革而丢失某些个人已有价值，是员工抵制变革的主要原因。这部分员工关注的是个人利益而非组织利益的最大化。抵抗变革常常导致“政治”或“政治行为”。以下两个案例可以说明这一点。

在公司经历数年的快速增长期后，总裁决定成立一个新的职能部门——新产品规划与开发部门，并由一名副总裁负责。这一举措在操作层面上大幅削弱了负责市场部门、工程部门和生产部门的副总裁在新产品决策上的权力。鉴于新产品对公司的重要性，这种调整也间接降低了这些副总裁在意的地位和权力。

在总裁宣布新职位设立的两个月后，现任副总裁们提出了多个理由质疑新计划的可行性。由于他们的反对声音越来越高，最终导致总裁暂停了这一计划。

在一家制造公司，长期以来一直有一大批人事顾问担任生产型员工的咨询和辅导角色。这些顾问与员工建立了某种“帮助关系”，因此士气高涨。然而，在公司引入新绩效评估系统后，顾问每半年就要向员工的上司提供员工的“情绪成熟度”和“晋升潜力”等评估结果。

这一变革很快就引起了顾问的反对。他们认为新系统改变了顾问与员工之间的关系，由之前“同伴和辅导者”的角色变得更像“上司和评估者”。他们不仅公开反对新系统，更是私下向人事副总裁施压，迫使其对新系统做了很多调整。

在组织变革的过程中，当个人或团体的最大利益与整

体组织或其他个体和团体利益不一致时，政治行为便会出现。

尽管这种行为有时表现为公开的对抗，但更多情况下是微妙而隐蔽的。这种权力斗争有时出自一些心狠手辣之人，但更常见的是由那些认为变革违背了他们与组织间的隐性契约或心理契约的人发起的。

误解和缺乏信任

人们也会在不了解变革含义、感觉变革成本远大于收益时选择抵抗变革。当发起变革的人与员工之间缺乏信任时，这种情况就会发生。以下的例子可以说明这一点。

一家中西部小规模公司总裁向经理宣布，对所有员工实施弹性工作制。该总裁从未想到这一措施会遭遇抵抗。在一次管理研讨会上，他了解到这一概念，并决定用它来改善公司整个的工作环境，尤其是考虑到文职和工厂人员更需要灵活的时间安排。

然而，宣布后不久，在工厂员工间开始流传各种谣言——没有人真正明白弹性工作时间的含义。例如，有一个谣言称弹性工作时间意味着大多数人必须随时按上司的要求工作，包括晚上和周末。员工协会——一个当地工会——迅速召开了会议，然后向管理层提出一个不可协商的要求：不准让员工灵活安排工作时间。总裁被这一反应完全搞糊涂了，没有办法，只好"服从"。

其实，很少有员工和管理者之间存在高度信任。因此，当管理者引入变革时，员工很容易产生误解。除非管理者及时发现并澄清这些误解，否则会引发来自员工的抵抗。而且，这种抵抗很容易让变革发起者措手不及，特别是当他们简单地认为员工只会在变革不符合个人最大利益时才会抵抗。

评估的差异

员工抵抗组织变革的另一个常见原因是，他们对形势的评估与管理者或变革发起者不同，他们认为变革带来的成本大于收益，不仅对他们自己如此，对公司也是如此。

一家中等规模银行的总裁对员工关于银行房地产投资信托（REIT）贷款的分析感到震惊。这一复杂的分析表明，银行可能会轻易地损失高达 1000 万美元，并且每月增加 20% 的损失。在一周内，总裁制定了一个计划，对管理 REIT 的银行部门进行重组。然而，出于对银行股价的担忧，他选择不向除新 REIT 部门经理外的任何人公布员工报告。

重组立即遭到了相关人员的强烈抵抗。如一名员工所言，团队的情绪是："他疯了吗？为什么要拆散这个部门？他的行动已经让我们失去了三名非常优秀的人员（他们辞职了），并且为了减少贷款损失而破坏了我们正在实施的一个新项目（总裁并不知情）。"

发起变革的管理者常常自以为掌握了组织分析所需的所有相关信息，并认为受变革影响的人也知晓相同的事实。然而，这两个假设都可能是不正确的。在任何一种情况下，不同团体所使用的信息差异往往导致分析结果不同，进而引发抵抗。此外，如果那些未发起变革者比发起者的分析更准确，抵抗显然对组织是"有益的"。但是，认为员工抵抗总是坏的，并因此与之抗争的管理者很难发现上述的"有益之处"。

低变革容忍度

员工还会因为担心自己无法掌握变革所需的新技能和行为而抵制变革。所有人在适应变革的过程中总会有这样或那样的问题，当然有些人的适应能力会更强，有的会更差一些。组织变革无意中会要求人们在短时间内做出太多改变。

彼得·德鲁克（Peter F. Drucker）曾指出，组织进化的主要障碍是管理者无法像组织所需要的那样，能够快速改变个人态度或行为。即使管理者在思想上能够认识到运作方式需要变革，但有时在情感上还是难以接受变革。

正是因为人们对变革的容忍度有限，即使意识到某个变革是好的，有时也会抵制它。例如，由于组织变革而获得更重要工作的人可能会非常高兴。但是，他也可能感到不安，不愿放弃当下的一些所得。一个全新且截然不同的工作将要求展现全新和不同的行为方式，建立新的和不同以往的人际关系，并放弃一些之前令人满意的活动和关系。如果变化很大，而且个体对变革的容忍度低，他就会下意识地主动抵制变革。

实际上，抵制变革的原因多种多样。人们有时也会为了保全面子而抵制组织变革。他们认为，接受变革意味着承认自己以前的某些决策或信念是错误的。另外，他们也可能因为同僚的压力或上司的态度而抵制变革。

准确把握受变革影响的这部分群体的抵制原因是很关键的，能帮助管理者选择适当的方法来克服变革阻力。如果对抵抗成因的诊断不准确，变革可能会因此付出更大的代价。

应对变革阻力

许多管理者不仅低估了员工对组织变革的反应方式多样性，还低估了他们在变革期间对特定员工或团体产生的积极影响力。并且，由于已有经历的局限性，即使一些方法耳熟能详，管理者也不能全面把握这些方法的优势和劣势。

教育与沟通

克服对变革抵抗的最常见方法之一是事先对人们进行变革教育。交流思想有助于员工看到变革的必要性和背后逻辑。教育过程可以包括一对一的讨论、向团体做演讲，或者发放备忘录和报告。例如：

为了变革部门的结构、衡量标准和奖励制度，该部门经理制作了大概一小时的视听演示，解释了变革内涵及其动机。在4个月的时间里，他至少向20至30人的公司和部门管理团队做了十几次这种演示。

由于信息不充分或者分析不准确而引发员工抵抗变革，并且变革发起者还需要这些抵抗者帮助推动变革时，“教育和沟通”是理想的应对方式。然而，一些管理者忽视了以下事实：该方案实施的前提是需要发起者和抵抗者之间有着良好的关系，否则抵抗者可能不会相信他们所听到的事情；当涉及的员工比较多时，这种方案的成功实施需要更多的时间和努力。

参与和投入

邀请潜在抵抗者参与到变革设计和具体实施的一些环节，一定程度上能有效预防抵抗。在参与变革的过程中，发起者会倾听变革相关人员的意见，并采纳他们的建议。例如：

一家小型金融服务公司的负责人曾成立了一个工作组，帮助设计和实施公司奖励制度的变革。该工作组由来自公司不同部门的8位二级和三级经理组成。总裁特别授权他们提出公司福利方案变革的相关建议。在6个月的时间里，他们需要每月向总裁提交一份简短的进展报告。最后，总裁接受了他们提出的大部分建议，并让他们来帮助公司的人事主管实施变革方案。

我们发现,许多管理者对“变革参与”有着不同的看法。有人认为是积极的，有人则认为是消极的。换言之，在变革过程中，一些管理者认为变革相关者应该参与整个过程，而另一些管理者则不赞成。其实，这两种态度都可能引发管理问题。

当变革发起者没有足够信息来设计和实施变革时，或者当他们需要他人的全力支持来做到这一点时，让他人参与是非常明智的。大量研究已经表明，参与变革有助于提升承诺，而不仅仅是遵从。在某些情况下，承诺是成功变革的关键。然而，参与也有弊端。如果管理不当，最终也会导致变革方案无效，且变革过程极其耗时。当必须立即进行变革时，让其他人参与进来可能需要太长的时间。

协助和支持

管理者应对变革潜在阻力的另一种方法是提供支持，比如：提供新技能培训、紧张期后给员工放假，或者仅仅是倾听并提供情感支持。例如：

一家快速增长的电子公司管理层想了一些方法来帮助员工更好地适应频繁的组织变革。首先，管理层在人力资源部门配备了4名顾问，他们大部分时间需要和那些感到“筋疲力尽”或难以适应新工作的员工进行交谈。其次，管理层有选择地为员工提供为期4周的短期休假，其间包括一些与工作无关的反思或教育活动。最后，公司在内部教育和培训项目上投入了大量资金。

当抵制是出于恐惧和焦虑时，协助和支持特别有效。老练和过于强势的管理者往往忽视这一类型的抵制，也没有意识到“协作”是有效应对抵制的重要方法。协助和支持的缺点是耗时又昂贵，而且可能失败。如果没有足够的时间、资金和耐心，那么就不建议采纳这类方法。

协商和协议

另一种应对变革阻力的方法是给激进或潜在的抵抗者提供一些激励措施。例如，为了改变工作规则，管理层会提高工会的整体工资水平；为了让一部分员工提前退休而增加养老金福利。例如：

在一家大型制造公司里，各个部门之间依赖性很强。其中，一位部门经理希望对部门进行一些重大变革。然而，鉴于部门间相互依赖，本部门实施变革的同时也会迫使其他部门经历一些不便和改变。为了防止其他部门的经理从中阻拦，这位部门经理与其他每个部门的经理谈判达成了一份书面协议。该协议规定了其他部门经理将获得的成果以及何时获得，还有在变革过程中他将从他们那里获得何种合作作为回报。这样一来，若其他部门经理后续对该部门的变革或变革过程本身提出抱怨时，之前的协议就可以作为变革发起者推动变革的有利依据。

当有人因变革而明显受损，且抵抗力量强劲时，协商就是很好的化解变革阻力的方法。这种方法相对简单，也能有效削弱关键抵制力量。当然，这种方法也有局限。首先，与其他处理抵制的方法一样，协商或协议会增加变革成本。其次，一旦变革发起者明确表示，通过协商来避免主要变革抵抗力量时，他有可能让自己陷入“被勒索”的境地。

操纵和合谋

在某些情况下，管理者也会采取隐秘的方法来影响他人。在这种情境下，操纵通常是指有选择性地使用信息、有意安排事件。

操纵的一种常见形式是合谋。与某人达成合谋的方式通常表现为，在变革设计或实施中给予对方想要的角色。与一个团队合谋则表现为，给该团队领导或有威望的人安排变革设计或实施中的关键角色。因为变革发起者只是想得到某人或者某些团队的认可而非建议，所以这部分人并不需要参与变革过程。例如：

在一家大型多业务公司中，一位部门经理邀请了公司人力资源副总裁（总裁的好友）帮助他和关键员工诊断部门所面临的一些问题。由于日程繁忙，公司副总裁无法亲自收集或分析大量信息，从而限制了他对诊断结果的影响。但是，他出席关键会议有助于他对诊断结果及变革解决方案做出承诺。这种承诺对于后续的变革实施非常重要。起初，总裁并不喜欢该部门经理提出的变革。然而，在与副总裁讨论后，总裁并未阻挠变革的实施。

在某些情况下，“合谋”是变革发起者获得个人或团队支持的一种成本相对较低和简便的方法（比“协议”成本更低，比“参与”的速度更快）。当然，这种方法也有缺陷。如果人们感觉自己是被诱导不去抵抗变革、没有受到平等对待或被欺骗，他们可能会做出非常负面的回应。不止一位管理者发现，通过合谋让某些下属获得一种参与感，反而比什么都不做造成了更多抵制。此外，如果那些被合谋者利用其影响力以不符合组织最佳利益的方式影响变革的设计和实施时，还会带来更多问题。

其他形式的操纵也有缺点，负面影响有时更大。大多数人会对隐秘处理或谎言作出负面反应。此外，如果一名管理者有了操纵者的名声，那么他使用诸如教育或沟通、参与或投入等必要方法时也不见得有效。在极端情况下，他的职业生涯也可能因此断送。

尽管如此，特别是在所有其他策略不可行或已经失败的情况下，变革实施者还是会选择操纵的手段。具体而言，在没有其他选择、没有充足的时间实施教育、参与或支持策略时、没有力量或其他资源进行协商、施压或合谋的情况下，管理者只好通过操纵信息渠道来吓唬人们，让他们认为危机即将来临，而只有变革才能避免危机。

明示与暗示的强制

最后，管理者常常通过强制手段来处理抵抗。他们基本上是通过明示或暗示的方式威胁员工（例如失去工作、晋升机会等方式），或者通过直接解雇或调动员工，强迫人们接受变革。与“操纵”一样，使用“强制”手段是有风险的。人们不可避免地会强烈反感被迫的变革。但是，在急需快速且不得不变革、变革肯定不会受欢迎的情况下，“强制”就成为管理者唯一的选择。

只有熟练应用上述不同的组合方法，变革才可能成功。变革成功通常有两个共同的特征：管理者们能敏感地认识到所采用方法的优势和局限（如表 2-1 所示），并且能准确地评估实际情况。

表 2-1　处理抵制变革力量的方法

方法	适用场景	优势	局限
教育 + 沟通	信息匮乏；信息及分析不准确	一旦说服，人们通常会帮助实施变革	波及者很多时，会非常耗时
参与 + 投入	变革发起者缺乏设计变革所需的信息；变革的抵制力量较强	参与者会致力于实施变革，并且他们拥有的任何相关信息都将被整合到变革计划中	如果参与者设计了不适当的变革，变革就变得非常耗时
协助 + 支持	当人们因“适应”问题而抵抗变革时	没有其他方法能够有效处理这种适应性问题	耗时、成本高、仍然可能失败

续表

方法	适用场景	优势	局限
协商 + 协议	某人或某团队因变革而利益受损，并且抵抗力量很大时	有时，这种是一种相对简单的方法，来削弱主要的变革抵抗力量	如果其他人察觉到变革实施者需要与自己协商才能获得自己遵从时，成本会更高
操纵 + 合谋	当其他策略不奏效或者成本太高时	这可能是解决抵制变革问题的相对快速且不昂贵的解决方案	如果人们感受到被操纵时，可能给未来埋下隐患
明示 + 暗示的强制	变革速度要求非常快，且变革发起方的力量强劲时	速度快，并且可以克服任何形式的抵制	若人们对发起者感到愤怒，会有风险

管理者最常犯的错误是：不管变革的外部情境怎样，只会使用某种方法或方式的组合。令人惊讶的是，很多管理者都存在这个问题。比如：强势的老板总采用“强制”的手段，人本主义的管理者总采用“参与和支持”的手段，愤世嫉俗的老板总是想着“操纵和合谋”，理性管理者严重依赖“教育和沟通”，像律师一样的管理者总是采用“协商”手段。

管理者犯的第二个常见错误是以一种不连续和渐进的方式开展变革，而不是把变革作为斟酌再三的战略的一部分来有条不紊地推动。

战略选择

在处理组织变革时，管理者会明确或隐秘地做出某种战略选择。这些选择涉及变革速度、预先规划的程度、他人参与，以及对不同方法的相对重视程度。成功的变革实施不仅需要战略之间的一致性，而且，还需要考虑某些关键的情境变量。

管理者可用的战略选择方案可以用连续图呈现（如表2-2所示）。在连续图的左侧，变革战略需要非常迅速地被实施、有明确的行动计划和很少涉及他人。这种类型的战略会碾压任何抵抗力量，在极端情况下，变革就是既定的事实。而在连续图的右侧，变革战略需要缓慢地执行、变革计划不需要那么明确、除变革发起者之外还需要许多人参与变革。这类战略旨在将抵抗力量降至最低。

表2-2　战略选择连续图

快 ←——————→ 慢	
明确的规划 变革涉及的人少 试图克服任何抵制力量	起初的规划并不明确 变革涉及很多人 试图将抵制力量降到最低
关键的情境变量	
预期的抵制程度、类型。 发起者与抵抗者在权力、信任等方面的相对位置。 拥有设计变革所需数据的情况、实施变革所需的力量。 涉及的利害关系（例如，危机的存在程度，抵抗和缺乏变革的后果）	

如表 2-2 所示，越靠近左端，越倾向于使用强制手段，而越少使用其他方法——尤其是“参与”；反之亦然。

采纳不连贯战略的组织变革往往会引发一些可预见的问题。例如，没有事先明确规划但又迅速实施的变革，往往会因意想不到的问题而陷入困境；涉及大量人员但又迅速实施的变革，通常会停滞不前或参与度不高。

情境因素

如表 2-2 所示，变革的战略定位取决于以下四个因素：

1. 预期的抵抗程度和类型。在其他条件相同的情况下，如果预期的抵抗力量很强，那么仅凭借“压倒性力量”的方式来消除抵抗就变得很困难。此时，管理者需要更多地向连续图的右侧移动，寻找到缓解变革阻力的对策。
2. 发起者与抵抗者的相对位置。尤其是在权力方面，发起者相对于其他人的权力越小，发起变革的管理者就需要更多地向连续图的右侧移动。相反，如果发起者的权力很大，战略选择就可以更多地向左侧移动。
3. 拥有设计变革所需数据的情况和实施变革所需的力量。若发起者需要从他方获得信息和承诺，进而推动变革的设计和实施，那么，他们就需要更多地向右侧移动，需要时间和他人的参与来获取所需信息和承诺。

4. 涉及的风险。如果当前情况不变，组织绩效和生存面临的短期潜在风险越大，越需要更多地向左侧移动。

如果忽视了上述因素，那么组织变革不可避免地会引发一些问题。例如，一些管理者常犯的错误是在缺乏变革设计所需全部信息，也缺乏相关人承诺的情况下，就快速采取行动。

就上述因素而言，管理者虽然可以自主选择变革战略，但是出于经济和社会因素的考虑，要尽可能选择右侧的位置。强制人们接受变革会产生太多短期或长期的负面影响。采用连续图右侧的变革战略通常是有助于组织和员工成长的。

然而，在某些情况下，即使了解了这四个因素，不代表管理者就能选择最明智的战略。比如，与被变革的主体相比，管理者的地位不是很高，但又不得不变革。面对这种困境，如果管理者不能提升个人权力，就要被迫选择某种妥协策略并度过一段困难时期。

给管理者的启示

在组织变革中，管理者可以通过以下方式提升变革的成功率：

1. 进行组织分析，确定当前形势、存在的问题以及成因。分析必须具体说明问题的重要性；如果要避免出现更多其他问题，必须以何种速度解决问题；明确合适的变革类型。
2. 分析影响变革开展的相关因素。这种分析应侧重于以下问题：谁可能抵制变革，为什么抵制，抵制程度如何，谁拥有设计变革所需的信息，谁的合作在实施变革中至关重要，以及发起者与其他相关方在权力、信任、正常互动方式等方面的相对地位如何。
3. 基于上述分析，选择变革战略，明确变革速度、预先规划的程度和他人的参与程度；选择与不同个体和群体打交道的具体策略；并确保内部一致性。
4. 监控实施过程。无论最初选择变革战略和策略时做得多好，实施过程中总会出现一些意外。只有认真监控变革过程，才能及时发现意外情况，并机智地应对。

当然，人际交往能力是运用这种分析方法的关键。但是，即使是最出色的人际交往能力也无法弥补战略和策略选择失误所带来的消极后果。在一个越来越多变的商业世界中，选择糟糕战略所带来的消极影响也会愈来愈大。

3

什么是真正的领导[①]

领导与管理之间虽然存在差异，但差异背后的原因并非大多数人认为的那样。领导力不是神秘和不可思议的。它与“魅力”或其他个性特质无关，不是少数人的专利。同样，领导也不一定比管理更好，并不是管理的替代品。

相反，领导和管理是两种独特且互补的行动体系。两者都分别有其自身的功能和典型表现。在日益复杂和多变的商业环境中，两者是促使组织成功的必然要素。

如今，大多数美国公司管理过度而缺乏领导力。它们需要提升管理者的领导力。成功的公司不会等待领导者的出现，相反会积极寻找具有领导潜力的人，并让他们积累相关职业经验，来激发领导潜力。事实上，通过精心选择、培养和鼓励，许多人可以在商业组织中发挥重要的领导者角色。

但是，在提升领导力的同时，公司应记住，强大的领

① 首次发表于 1990 年 5 月至 6 月的《哈佛商业评论》。

导力配合薄弱的管理能力并不比相反情况更好，有时甚至更糟。真正的挑战是结合强大的领导力和强大的管理能力，并利用其中一个来平衡另一个。

当然，并非每个人都擅长领导和管理。有些人具有成为出色管理者的能力，却不是卓越的领导者；有些人虽展现出很强的领导潜力，但由于各种原因，却不能成为厉害的管理者。明智的公司会同时重视这两种人才，并努力使他们成为团队的一部分。

> 领导是对管理的补充，并非取而代之。

然而，在培训高管时，一些公司会试图培养既是领导者又是管理者的人。他们恰好忽略了近期文献里所指出的：人们不能既管理又领导。一旦公司理解了领导与管理之间的根本差异，就会分开培养优秀人才的领导力和管理能力。

管理与领导的区别

20世纪，大型组织开始出现，管理也应运而生，以应对庞大组织的复杂性。没有良好的管理，复杂的企业往往会变得更混乱，以至于威胁到它们的生存。良好的管理在一定程度上保证了产品质量和盈利能力等关键指标能够达标。

相比之下，领导更有利于应对变革。近年来，领导力变得如此重要，部分原因在于商业世界的激烈竞争和动态多变。快速的技术革新、激烈的国际竞争、市场管制的放松、资本密集型产业的过剩产能、不稳定的石油卡特尔、靠垃圾债券的掠夺者以及劳动力人口结构的变化都使得领导力变得重要。简单地重复昨天的做法，或者做得比昨天好5%，已不再是成功的公式。在当下的新环境里，为了生存和有效竞争，公司进行重大变革变得越来越有必要。更多的变革总是需要更多领导力。

考虑一个简单的军事类比：和平时期，军队就像个公司，只要高层领导得好，下面的人按部就班做事就行。但打仗的时候，每一层的领导都得能干，因为打仗得靠大家齐心协力，光靠上面指挥是不够的。

这些不同的职能——应对复杂性和变革——塑造了管理和领导的特征活动。每个行动系统都包括决定必须要做的事情、创建可以完成议程的人员和关系网络、努力确保相关人员能真正地做好工作。只是两个系统完成上述三项任务的方式有所不同。

公司首先通过规划和预算来“管理”复杂性——为未来设定目标（通常是下一个月或下一年的），制订实现这些目标的详细步骤，然后分配资源来完成这些计划。相比之下，“领导”一个组织实现建设性变革始于设定方向——形成有关未来（通常是遥远未来）的愿景，以及制定实现这一愿景所需的变革战略。

“管理”通过组织和人员配置来完成计划——创建实现计划要求的组织结构和一系列工作职位，为职位配备合适的人员，向这些人员传达计划，委派责任以执行计划，并设计系统来监控实施情况。相对应的“领导”活动是协调相关人员，这意味着向那些能够建立起理解愿景并致力于实现愿景的联盟的人传达新的方向。

“管理”就像开车，你得时刻看着仪表盘，确保车子按计划的路线走。如果发现走偏了，就得调整方向盘，解决问题，让车子回到正轨。而“领导”则像是船长，他不仅要确保船不偏离航向，还得激发船员们的热情，让他们即使遇到大风大浪，也能团结一心，朝着目的地前进。

对这些活动逐一进行仔细研究，有助于明确领导者所需的技能。

设定方向 VS. 规划和预算

由于领导职能是产生变革，因此设定变革方向是领导的基本任务。

尽管人们经常把“设定方向”和“规划”混淆在一起，但是两者有本质上的区别,甚至与“长期规划”也不同。“规划”是一种管理过程，本质上是演绎性的，旨在产生有序、预料之内的结果，而非变革。“设定方向”则更多是归纳性的。领导者收集广泛的数据，寻找模式、关系和联系来解释某种事物。更重要的是，领导力的方向设定并不产生规划,而会生成愿景和战略。这些愿景和战略描述了一个企业、技术或企业文化在长期过程中应该变成什么样，以及实现这一目标的可行方式。(参见本章末尾的“设定方向:美国运通的路易斯·郭士纳”。)

大多数关于愿景的讨论都有神秘化的倾向。这种说法暗示愿景是某种神秘的东西，仿佛普通人，即使是天赋异禀的人，也永远无法拥有它。实际上，开拓有光明前景的商业方向并不是“变魔术”。这是一个艰苦的、精疲力竭地收集和分析信息的过程。提出如此愿景的人也不是“魔术师”，而是愿意承担风险的战略思想家。

愿景和战略也不必非得极具创新性。事实上，有些最好的愿景和战略是很平凡的，包含众所周知的想法。这些想法的特定组合或模式可能是新的,但有时甚至连这都不是。例如:

当斯堪的纳维亚航空公司(Scandinavian Airline Systems，SAS)的首席执行官扬·卡尔森(Jan Carlzon)阐述他的愿景，即让SAS成为最适合经常出差的商务旅客的航空公司时，他并没有说任何航空业内人士所不知道的事情。商务旅客比其他市场细分群体飞行频率更高，也更稳定，并且通常愿意支付更高的票价。因此，专注于商务客户能为航空公司提供高利润率、稳定的业务和持续的增长潜力。但是，在以官僚主义而非愿景著称的行业中，从未有公司将这些简单的想法结合起来并致力于实施它们。SAS做到了，而且效果显著。

在愿景方面，相对于创新，更重要的在于它如何服务于重要利益相关者——客户、股东、员工的利益，以及它如何能被转化为现实的竞争战略。糟糕的愿景往往忽视了重要利益相关者的合理需求和权利——比如，偏向于员工而不是客户或股东。抑或战略上并不可行。比如：若一家名不见经传的公司突然开始高谈阔论自己要成为行业第一名，这不是愿景，而是“白日做梦”。

过度管理和领导力不足的公司最常犯的错误之一是将“长期规划”当作“万能药”，来解决诸如缺乏前进方向、不能适应竞争激烈和动态变化的商业环境等问题。但这种方法曲解了设定方向的本质，是行不通的。

长期规划总是耗时的。每当意外情况发生时，就必须重新制定规划。在动态的商业环境中，当意外成为常态，长期规划也成为一项异常繁重的活动。这也致使多数成功公司有意识地限制规划的时间范围。事实上,有些人认为“长期规划”本身就是自相矛盾的。

在一个没有方向的公司里，即使是短期规划也可能成为一个吸收无限时间和精力的“黑洞”。若没有愿景和战略来约束或指导规划过程，每个突发事件都需要有相应计划。在这种情况下，应急规划可能永无止境，不仅消耗掉本应用在更重要活动上的时间和精力，而且也不能给公司指明迫切需要的前进方向。经过一段时间后，管理者就开始厌倦类似行动，规划过程可能沦为高度政治化的游戏。

规划不是设定方向的替代品,而是补充。合理的“规划”过程可以用来监测“设定方向”是否有效。同样,合理的“设定方向”过程为“规划”指明了焦点，进而让规划可以更好地被实施。同时，这有助于澄清哪种规划是必要的，哪种是无关紧要的。

使人员保持一致 VS. 组织和配置人员

现代组织的核心特征之一是相互依赖性，没有人具有完全的自主权，大多数员工通过工作、技术、管理系统和层级结构与其他人建立了联系。在组织尝试变革时，这些联系构成了特殊挑战。只有当许多人统一行动、朝同一方向前进时，才能避免混乱。对于那些在管理方面受到过度培训、但领导力欠缺的高管来说，让员工朝同一方向行动似乎是一个组织难题。然而，高管真正需要做的不是组织人员这么简单，而是让他们保持一致。

管理者“组织”的目的是创建能够精确和高效实施计划的人力系统。这通常需要进行多项复杂的决策。公司必须确定职位结构和上下级关系，为这些职位配备合适的人员，为有需要的人提供培训，向员工传达计划，决定委派关系。此外，公司需要建立经济激励机制以实现计划，并设立监督计划执行情况的系统。这些组织决策类似于建筑设计决策，关键在于要适应特定的环境。

然而，“使人员保持一致”则完全不同，更多是一个沟通挑战，而非设计问题（请参阅本章末尾的“使人员保持一致：伊士曼柯达公司的查克·特罗布里奇和鲍勃·克兰德尔”案例）。首先，与组织相比，“使人员保持一致”需要与更多人交谈。目标群体不仅包括管理者的下属，还可能包括上级、同事、组织中的其他员工，甚至包括供应商、政府官员或客户。简言之，任何能够帮助或阻碍愿景和战略实施的人都是目标群体。

在沟通方面，试图让人们理解未来愿景的难度远高于解释短期计划的难度。这就像是橄榄球四分卫不仅要向队友们讲解接下来几步的具体动作，还要向他们阐释整个赛季下半段的全新比赛策略，这两者在沟通难度上有着显著的差异。

无论是用许多话语还是几个精心挑选的符号来传递信息，理解信息不代表会接受信息。领导力面临的另一个很大的挑战是可信度——让人们相信这个信息。许多因素有助于提升可信度：传递信息者的过往记录、信息内容本身、传播者的诚信和可信赖度，以及言行一致性。

与单纯的“组织”工作不同，“使人员保持一致”有助于增强员工的权力感。许多组织难以适应市场或技术的快速变化，其中一个原因是公司内部很多员工感到自己缺乏影响力。根据过往的经验，即使他们准确地感知到重要的外部变化并采取了适当的措施，也可能因为上级的不满而受到影响。上级的批评可能以各种形式出现，比如说“这违反了我们的政策”“我们负担不起这样做”或者“别说话，照我说的去做”。

“使人员保持一致”的两种方式能解决上述问题。首先，一旦组织内部明确传达了清晰的方向，基层员工在采取行动时就不会那么容易受到指责。只要他们的行为与公司的愿景保持一致，上级就很难批评他们。其次，由于每个人都在努力实现共同目标，个体间因利益而发生冲突的可能性也随之减少。

激励人员 VS. 控制和解决问题

既然变革是领导力的核心职能，那么，唤醒员工积极主动的态度以应对变革过程中不可避免的障碍至关重要。就像确定方向是为了规划正确的行进路线，高效的人员协调是为了确保大家沿同一路线前进一样，有效的激励手段是为了保证团队拥有充足的动力去克服前方挑战。

从管理的视角来看，控制是为了降低实际行为与预设计划之间的偏差，并在必要时介入调整。例如，在一个管理得当的工厂里，规划环节设定了实际可行的质量目标，组织环节构筑了实现这些目标的有效架构，控制环节确保能够及时发现并纠正质量问题，而不是等到问题延续了数周甚至数月之后再来纠偏。

> 管理层通过推动员工朝着既定的方向前进来控制他们，而领导力通过满足员工的基本需求来激励他们。

管理的核心是控制，而在这种框架下，激励或鼓舞式的行为似乎无关紧要。管理流程旨在依赖常规且易于实现的方法尽可能地降低失败的风险，目的是使普通员工能够在日常工作中稳定地实现预期结果。这是管理的本质——不激动人心，但务实高效。

然而，领导力的本质迥然不同。实现宏大愿景需要激发员工特别大的能量。与控制机制不同，激励和鼓舞不是简单地引导员工只向正确的方向前进，而是要满足员工的内在需求——成就感、归属感、被认可、自尊以及实现个人理想。这种深层次的触动才会激发员工的积极回应。

杰出的领导者擅长通过多种方式激发员工。首先，他们传达组织愿景的时候会结合消费者的价值观，进而提升员工的工作意义感。此外，他们还经常让员工参与到实现组织愿景的决策过程中，赋予其一定的掌控感。其次，另一项重要的激励方法是给员工提供指导、反馈和示范，支持员工为实现愿景而付出努力，从而助力其职业发展并增强个人自尊。最后，优秀的领导者会认可和奖励员工取得的成绩，这不仅让员工更有成就感，还让他们感受到组织的重视和关怀。这样一来，工作本身就具备了内在的激励效果。

随着变革成为商业环境的常态，领导者更需强化激励，以促进组织内部领导力的发展。有效的激励策略能够在整个组织范围内复制并强化领导角色，这对于应对复杂商业环境中的变革至关重要。（参阅本章末尾的案例："激励员工：宝洁的理查德·尼科洛西"。）

然而，多个领导角色之间并不总是无缝对接的，可能会导致角色冲突。为了确保多个领导角色之间的有效协作，必须采用不同于传统管理角色协调的机制。

强大的非正式关系网络——常见于拥有健康组织文化的公司——在协调领导力活动方面发挥着至关重要的作用。与正式结构相比，非正式网络更能适应非常规活动和变革带来的协调方面的挑战。这些网络通过众多沟通渠道和基于信任的人际关系网，使得适应与调整过程得以持续进行。当不同角色发生冲突时，这些关系网络有助于找到解决方案。最重要的是，这种对话和调整过程有助于建立相互协调、兼容的愿景，而非孤立、相互竞争的目标。这虽然比协调传统管理角色需要更多的沟通，但强大的非正式网络能够有效地满足这些沟通需求。

> 尽管领导力越来越重要，但大多数人的实际工作经历削弱了他们的领导潜能。

尽管所有公司都存在某种非正式关系，但这些关系网络往往非常薄弱——一些人联系紧密，而大多数人则相对孤立或高度碎片化。如市场营销部与研发部内部各自形成了强大的人际关系网络，但跨部门之间少有联系。这样的网络结构不利于实施多元化的领导力举措。因此，建立广泛的非正式网络至关重要，特别是在提升领导力的早期，这一点尤为关键。

创建领导力文化

即便领导力对商业成功日益重要，但大多数人的在职经历似乎在削弱领导力特质的发展。尽管如此，一些公司还是有能力持续培养出杰出的领导者和管理者。招募到具有领导潜力的人只是开始，管理这部分人的职业发展路径同样重要。那些在重要领导角色中表现出色的人，通常具有很多相似的职业经历。

最典型也最关键的，是在职业生涯早期遇到的重大挑战。领导者几乎在二三十岁时就有机会去尝试领导他人、承担风险，并从胜利和失败中学习。这种学习对于发展广泛的领导技能和视角至关重要。它还教会人们理解领导工作的难度及其引发变革的潜力。

> 提升领导力的方式是给年轻员工创造富有挑战的机会。

在职业生涯的后期，拓宽视野同样重要。在重要岗位上展现有效领导力的个体，在进入这些职位之前，由于横向的职业转换或早期晋升到具有广泛职责的工作岗位，这些人总有机会超越那些只在狭窄领域工作的管理人员。有时，其他手段，比如特别任务小组或长期的综合管理课程也有助于全方位提升领导力。在公司内部和外部构建起来的关系网也很重要。当很多人都这么去做时，建立的关系也有助于形成强大的非正式网络，以支持多重领导力举措。

在培养领导者方面做得比较出色的公司，通常会给相对年轻的员工提供挑战性的机会。在许多企业中，去中心化是关键。这一定义在本质上是将责任下放到组织的更低层次，并因此在较低层级创造更具挑战性的工作岗位。强生、3M、惠普、通用电气以及许多其他知名公司都成功地采用了这种方法。其中一些公司还通过创建尽可能多的小团队，来增加更多具有挑战性的低级别综合管理职位。

有时，这些企业强调通过新产品或新服务实现增长，从而创造更多的挑战性机会。多年来，3M 一直实行至少 25% 的收入来自过去五年内推出的产品的政策。这鼓励了新的小型创业项目的发展，并为检验和培养具有领导潜力的年轻人提供了数百个机会。

这种做法几乎本身就可以培养人们担任中小型领导职位。然而，培育重要领导职位的人才则要求高层管理者投入更多的精力，这通常是一个长期的过程。这个过程从早期发现具备巨大领导潜力的人才开始，进而明确如何挖掘和增强他们的潜力。

需要强调的是，这个过程并无神奇之处。成功企业采取的方法非常直接。他们不遗余力地让高层管理团队看到组织中的那些年轻的初级员工。随后，高层管理者会亲自评估谁具有潜力以及相应的发展需求。高管们还会就他们的初步结论进行讨论，以形成更准确的判断。

一旦明确了谁更有领导潜力以及所需技能，这些公司高管就会开始规划这些人的未来发展方向。有时，这是正式继任计划或高潜能人才发展流程的一部分，而有时则比较非正式。但是，无论哪种方式，关键在于明智地评估每个候选人的需求，提供能够满足其需求的、具有可行性的发展机会。

> 将以领导力为核心的文化进行制度化是领导力的终极体现。

为了激励管理者参与这些活动，领导有方的企业倾向奖励成功培养领导者的人。由于精确衡量这类成就极具挑战性，企业并没有把正式薪酬或奖金作为奖励方式。但是，培养领导力是个体晋升的重要考量因素，尤其是对于最高级别的晋升而言，这是非常重要的。这种做法产生了显著影响。当人们明白未来晋升在一定程度上取决于他们培养领导者的能力时，即使是那些原本认为领导力无法培养的人也开始想方设法地做到这一点。

这样的策略有助于营造一种企业文化，在这种文化中，人们重视强大的领导力，并致力于培育和发展它。正如今天需要更多的人在复杂的组织中发挥领导作用一样，我们同样需要更多的人来培养能够孕育这种领导力的文化。将以领导力为核心的文化进行制度化是领导力的终极体现。

设定方向：美国运通的路易斯·郭士纳

1979 年，当郭士纳成为美国运通旅游有关服务（TRS）公司的总裁时，该部门正面临着美国运通 130 年历史上最大的挑战之一。当时有数百家银行正在或计划通过威士和万事达卡推出信用卡产品，与美国运通卡展开竞争。此外，超过 20 家金融服务公司也开始涉足旅行支票业务领域。在这样一个成熟的市场中，激烈竞争往往会导致利润率的下降，阻碍业务的增长。

然而，郭士纳对此保持异议。在加入美国运通旅游有关服务公司之前，他曾花费五年时间作为其顾问，分析亏损的旅游部门和竞争日益激烈的信用卡业务。郭士纳和他的团队提出了有关经济、市场和竞争的基本问题，并对业务有了深刻的理解。在这一过程中，他逐渐构建了一个与 130 年历史的成熟行业公司截然不同的美国运通旅游有关服务公司愿景。

郭士纳认为，尽管面临来自数百家银行的威士卡和万事达卡的竞争，美国运通旅游有关服务公司仍有潜力成为一个充满活力且持续增长的企业。关键在于专注全球市场，为美国运通传统上服务的相对富裕的客户群体提供顶级产品。通过进一步细分这个客户市场，积极开发各种新产品和服务，并致力于提高生产力及降低成本，美国运通旅游有关服务公司可以为那些有足够可支配收入的客户提供最佳服务。实际上，与这些客户的购买力相比，他们过去在美国运通旅游有关服务公司购买的服务应远不止如此。

郭士纳在上任后的第一周内召集了负责信用卡业务的团队，全面质疑了其商业原则。他挑战了过去团队的两个共识：部门应只有一种产品——绿卡，以及这个产品在增长和创新方面潜力有限。

郭士纳迅速采取行动，构建了一种更具创业精神的文化，招募和培训能够在这种文化中茁壮成长的人才，并向他们清晰地传达总体方向。他和其他高管奖励智慧型冒险行为，并努力减少不必要的官僚主义。他们提高了招聘标准，并创建了美国运通旅游有关服务公司的研究生管理计划，为具有高潜力的年轻人提供特殊培训、传授宝贵的经验，并使他们能够与高层管理人员进行频繁接触。为了鼓励所有美国运通旅游有关服务公司员工承担风险，郭士纳还设立了“卓越表现者”计划，以表彰和奖励那些为客户提供卓越服务的人员。这也是组织愿景的核心要旨。

这些激励举措迅速催生了新市场、新产品与新服务的发展。到 1988 年，美国运通旅游有关服务公司在全球范围内的业务急剧扩展，美国运通卡从十年前只有 11 种，到后来有 29 种信用卡发行。该部门还特别关注了两个历来很少受到关注的细分市场：大学生和女性。1981 年，美国运通旅游有关服务公司融合其信用卡和旅游服务能力，为企业客户提供了一套监控和控制旅行费用的统一系统。到了 1988 年，美国运通已成为美国第五大直邮商户。

其他新产品和服务包括：使用美国运通卡购买的所有商品都享有 90 天保险、推出白金美国运通卡以及名为 Optima 的循环信用卡。1988 年，公司转而采用图像处理技术处理账单，为客户提供了更加便利的月度对账单，并成功将账单处理成本降低了 25%。

这些创新举措带来了美国运通旅游有关服务公司从 1978 年到 1987 年间净收入的惊人增长，增长幅度高达 500%，年复合增长率约为 18%。这样的成绩使美国运通旅游有关服务公司在众多高科技、高增长公司中脱颖而出。1988 年，其 28% 的股本回报率更是超越了多数低增长但高利润的企业，取得了卓越的业绩。

使人员保持一致：伊士曼柯达公司的查克·特罗布里奇和鲍勃·克兰德尔

柯达在20世纪70年代初进入复印机市场，专注于生产技术先进的机器，每台售价平均约6万美元。在接下来的10年里，这一业务收入增长到近10亿美元。但是，由于成本很高，利润空间很小，问题几乎无处不在。1984年，柯达不得不报废4000万美元的库存。

面对该局面，公司内部尽管普遍认识到存在问题，却在解决方案上存在意见分歧。作为1984年新成立的复印产品部门的总经理，查克·特罗布里奇在上任初期就会见了团队内几乎所有的关键人物，以及可能对复印机业务产生重要影响的其他部门人员。其中一个关键部门是由鲍勃·克兰德尔领导的工程与制造部。

在工程和制造部门，特罗布里奇和克兰德尔确定了简单明了的愿景：成为世界一流的制造企业，并建立一个去中心化、减少官僚主义的组织。然而，由于它与之前复印产品部门甚至整个柯达公司的沟通方式完全不同，这一信息传达起来颇具挑战性。为此，克兰德尔设置了多种途径来强调新方向，并确保人员与之保持一致。比如：他每周与12名直接下属召开会议；每月举行一次“复印产品论坛”，各部门员工作为一个小组与他会面，讨论最新进展和新项目，以取得更好的成果；每季度举行一次“部门状况”会议，经理们会与各自部门的全体员工进行交流。

克兰德尔和他的团队每月还会与公司某个领域中的80至100人会面，围绕所关注的话题进行讨论。为了协调最大的供应商——柯达仪器部门（该部门提供了设计和制造中使用的三分之一的零件）——他和他的经理们每周四都会与该部门的高层管理人员共进午餐。此外，他还引入了“商务会议”这一形式。他的经理们会与12至20人就特定主题（如库存管理或总调度）进行深入讨论。这样的目标是确保1500名员工中的每一位每年都能至少参加一次这类聚焦业务的会议。

特罗布里奇和克兰德尔还通过书面沟通方式推动目标的完成。他们每月向员工发送一份四至八页的《复印产品期刊》。此外，“对话信”项目让员工有机会匿名向克兰德尔及其高层管理团队提出问题，并保证收到回复。但最显著和最有影响力的书面沟通形式是图表。在靠近餐厅的主走廊上，巨大的图表生动地显示了每种产品的质量、成本和交付结果，并会与苛刻的目标做比较分析。此外，这些图表的一百个较小版本散布在整个生产区域，报告了特定工作组的质量水平和成本。

经过这种密集的调整，变革效果在六个月内就开始显现，一年后更加明显。这些成功案例提升了信息的可信度，并促使更多人加入。从 1984 年到 1988 年，某主要产品线的质量提升了近百倍，单位产品的缺陷率从 30% 降至 0.3%。在三年时间内，另一产品线的成本降低了近 24%。按时交付率从 1985 年的 82% 提升至 1987 年的 95%。尽管产品量在增加，但 1984 年至 1988 年间的库存水平下降了 50% 以上。同时，从 1985 年到 1988 年，以制造部门员工人均单位衡量的生产率翻了一番多。

激励员工：宝洁的理查德 · 尼科洛西

宝洁自 1956 年成立以来的大约 20 年时间里，其纸制品部门几乎没有遇到太多竞争。其高品质、合理定价和良好市场推广的消费品备受欢迎。然而，到了 20 世纪 70 年代末，该部门的市场地位发生了变化。新的竞争冲击严重影响了宝洁公司的利益。行业分析师估计该公司的一次性尿布市场份额从 20 世纪 70 年代中期的 75% 下降到 1984 年的 52%。

那一年，理查德 · 尼科洛西接任宝洁纸制品部门的副总经理，此前他在该公司规模较小、变动更加迅速的软饮料业务部门工作了三年。他发现纸制品部门极度官僚化和中心化，过分专注于内部职能目标和项目。对于客户的了解几乎完全依赖于高度量化的市场调研。技术团队因节约成本而获得奖励，而商务团队则专注于产量和市场份额，这两个群体之间几乎陷入了公开的对抗。

在 1984 年夏末，管理高层宣布了尼科洛西将于 10 月接任纸制品部门负责人。实际上，在 8 月，他便开始非正式地领导了该部门。他迅速提出，部门必须增强创新力和市场驱动力，而不仅仅满足于作为低成本生产商。尼科洛西在后来的报告中指出："我必须明确，游戏规则已经发生了变化。"

新的战略方向着重于团队合作和多元化领导。尼科洛西推动以团队方式管理部门及其各自的产品线。10 月份，他与团队成员一同组建了纸制品部门的"管理委员会"，开始定期召开月度甚至周度会议。到了 11 月，他们设立了面向主要品牌群体（如纸尿布、面巾纸、厨房纸巾）的"品类团队"，并开始向这些团队下放责任。尼科洛西强调："避免渐进，追求飞跃。"

到 1984 年 12 月，尼科洛西开始更深入地参与特定活动。他与广告代理公司会面，结识了核心创意团队。他让纸尿布品类市场经理直接向他报告，简化了组织层级。同时，他更加频繁地与那些从事新产品开发项目的人员进行沟通。

在 1985 年 1 月，董事会宣布了一种全新的组织结构，包括品类团队和新设立的品牌商务团队。春季，董事会准备组织一场重要的激励活动，目的是向尽可能多的员工传达纸制品部门的新愿景。1985 年 6 月 4 日，所有在辛辛那提的纸制品部门员工、销售区经理以及纸厂经理——总共数千人——在当地的共济会会堂聚集。尼科洛西和其他董事会成员向他们展示了一个“我们每个人都是领导者”的组织愿景。这次活动被录制并剪辑成视频，后来发送至所有销售办公室和工厂，供所有员工观看。

这些举措共同营造了一个鼓励创新的环境，激发了大量员工为实现新愿景而努力的信心。大部分创新源自那些参与新产品的研发人员。例如，1985 年 2 月首次推出的超级帮宝适，使整个帮宝适产品系列的市场份额从 40% 上升到 58%，并且实现了盈利。此外，在 1987 年 5 月推出 Luvs Delux 之后的几个月内，整个品牌的市场份额就增长了 150%。

其他一些员工行动更多地面向职能领域，其中一些行动来自组织的基层。1986 年春天，一些秘书在新组织文化的激励下，成立了一个“秘书网络”。该网络成立了培训、奖励与认证以及“未来的秘书”等子委员会。一位纸制品部门的秘书反映了许多同事的看法：“我不明白为什么我们不能为帮助部门找到新方向做点贡献。”

到 1988 年底，纸制品部门的收入在过去四年里增长了 40%，利润增长了 68%。这一成绩是在竞争日益激烈的情况下取得的，也证明了尼科洛西的卓越领导力。

4

引领变革：为何变革失败[①]

在过去的十年里，我观察了一百多家试图通过采取一系列的改革措施，来提升自身竞争能力的公司。这些公司规模不一，有大型的（如福特汽车公司），也有小型的（如兰德马克通信公司）；既包括美国本土的企业（如通用汽车），也有国外的（如英国航空）；有的公司处于困境之中（如东方航空[②]），有的则盈利良好（如百时美施贵宝）。这些改革被冠以多种名号：全面质量管理、再造工程、规模合理化、重组、文化变革和转型。尽管如此，但几乎在所有案例中，基本目标都是相同的：为了应对新的、更具挑战性的市场环境，从根本上改变商业的运作方式。

其中一些企业的变革非常成功，一些则彻底失败，而大多数介于两者之间，变革成效也都一般。随着外部市场环境竞争日益激烈，从上述变革案例中总结出失败经验，

① 首次发表于 1995 年 3 月至 4 月的《哈佛商业评论》。

② 即美国东方航空，于 1991 年倒闭。——编者注

将有助于更多组织完成有效的组织变革。

最普遍的教训是，变革过程会经历多个阶段，总体上通常需要相当长的时间。跳过任何阶段只会造成速度过快的假象，并且永远不会得到满意的结果。第二个非常普遍的教训是，任何阶段的关键环节的失误都可能带来毁灭性的后果，减缓变革势头并抵消来之不易的变革成果。也许是因为我们在组织更新方面的经验相对较少，即便是非常能干的人也常常会犯下至少一个重大错误。

错误1：未能营造足够的紧迫感

当部分个体或团体开始仔细考察公司的竞争状况、市场位置、技术趋势和财务表现时，成功的变革通常就开始了。他们关注重要专利到期后可能引发的收入下降、核心业务利润率五年的下降趋势,或是被忽视的新兴市场。然后，他们会想方设法广泛地宣传这些信息，特别是让大家意识到现在正是危机、潜在危机或关键机会来临的时候。这一步至关重要。因为仅仅启动一个变革计划就需要许多个人的积极合作。如果没有足够的动力，大家就不会推动变革，最终会导致变革失败。

与变革过程中的其他阶段相比，第一阶段听起来是容易的。然而，实际上并非如此。我观察的公司中，超过

50% 在这一阶段失败。失败的原因是什么呢？有时，高管低估了让人们从舒适区走出来的难度。有时，他们极度高估了在提高紧迫感方面的成功程度。有时他们缺乏耐心："够了，开干吧。"在许多情况下，高管因担心负面可能性而变得无所作为。具体而言，他们担心资深员工会变得具有防御性、员工士气下降、事态失控、短期经营业绩会受到威胁、股价会下跌、因引发危机而受到责备。

高层管理团队的无所作为往往是因为管理者过多而领导力不足。管理的职责是最小化风险并保持当前系统的运作。从定义上来看，"变革"本身需要创建一个新系统，这反而会更需要领导力。进一步来讲，如果没有足够多的真正领导者被提拔或招聘到高管职位，变革通常一开始就无法进行。

当组织的这位新首脑很优秀，并且能够看到重大变革的必要性时，变革往往才开始，并且开始得很好。如果变革的目标是整个公司，那么 CEO 是关键。如果需要在某个部门进行变革，那么部门总经理是关键。当这些人不是新领导者、伟大领导者或变革倡导者时，变革的启动可能就是一个巨大挑战。

在变革的第一阶段，业务不佳既是福音也是诅咒。从积极方面来看，亏损确实能吸引人们的注意，但它也给出了较小的操作空间。如果原本业务就好，那么说服人们变革就困难得多，当然你也有更多资源进行变革。

无论起点是良好还是糟糕的业绩，在我见证的变革成功的案例中，个人或团队都会开诚布公地讨论可能会引发不愉快的事实：新竞争、利润率收缩、市场份额下降、盈利平平、收入缺乏增长，或其他相关的指标表明竞争地位下降。由于人们似乎都不喜欢那些带来坏消息的人，尤其是当组织领头人不是变革倡导者时，这些公司的高管经常依赖外部人士传播不受欢迎的信息。华尔街分析师、客户和顾问在这方面都可以提供帮助。正如一位大型欧洲公司的前首席执行官所言，所有这些活动的目的是“使维持现状看起来比跳入未知更危险”。

在成功变革的少数案例中，有些团队制造了一场危机。一位 CEO 故意造成了公司历史上最大的会计损失，在这个过程中引发了来自华尔街的巨大压力。一位部门负责人委托进行了历史以来第一次客户满意度调查，他非常清楚结果会很糟糕。然后，他将这些调查结果公之于众。表面上，这样的举动看起来风险过高，但过于保守也有风险：如果紧迫感不够强烈，转型过程就不可能成功，组织的长期发展就会受到威胁。

> 有一位首席执行官故意制造了公司有史以来最大的会计损失。

什么时候紧迫感才足够强烈？根据我的观察，答案是当公司约 75% 的管理层真正确信：公司按照传统惯例运转在未来是行不通的。任何低于这紧急水平的情况都可能为变革后期埋下“隐患”。

错误 2：未建立足够强大的领导联盟

大型变革计划一开始通常都只有一两个人。在成功的变革中，领导联盟随着时间的推移而不断壮大。但是，如果领导联盟在变革初期就没有达到最低的规模标准，那么后面也不会发生什么有价值的事情。

人们常说，如果组织的领导者不是积极的变革支持者，重大变革是不可能发生的。而我接下来讨论的情况远不止如此。在成功转型中，董事长、总裁或部门总经理，加上另外 5 个、15 个或 50 个人，聚集在一起，共同承诺通过变革实现卓越绩效。根据我的经验，一些人起初并不会“买账”。因此，这个团队永远不会包括公司所有最高级别的执行官。但是，在最成功的案例中，领导联盟成员往往都很强大——无论是在头衔、信息和专业知识、声誉还是人脉方面。

无论是在小型还是大型组织中，成功的领导联盟在变革第一年可能只由 3 到 5 人组成。在大公司中，领导联盟需要扩充至 20 到 50 人的规模，变革才能在第三阶段及以后顺利取得进展。高级管理人员始终是该团队核心，有时也会包括董事会成员、关键客户代表，甚至是有影响力的工会领袖。

因为领导联盟的成员中包含非高级管理层成员，所以它的运作通常会跨越正式的组织层级结构。这可能有些尴尬，但显然是有必要的。如果现有的层级结构运行良好，就不需要进行重大转变。但是，如果当前系统不起作用，变革就不得不在正式组织边界、期望和协议之外进行。

管理层内部高度紧迫感在组建领导联盟时极有帮助。当然，通常还需要更多紧迫感才更有效。需要有人将这些人聚集在一起，帮助他们共同评估公司的问题和机会，建立最低限度的信任和沟通。为期 2 到 3 天的“外出静思会”是完成这项任务的一种流行方式。我见过许多由 5 到 35 名高管组成的团队在几个月内会参加一系列这样的“外出静思会”。

在第二阶段变革失败的公司通常都低估了变革的困难程度，也因此小觑了拥有强大领导联盟的重要性。有的公司没有高层团队合作的传统，因此低估了这种联盟的重要性。有时他们期望团队由人力资源、质量或战略规划的职能部门的主管而不是关键部门经理来领导。然而，无论职能部门负责人多么能干或敬业，没有强有力的领导者的团队永远不会获得变革所需的权力。

在一段时间内，那些没有足够强大领导联盟的努力可能会取得表面上的进展，但迟早反对者会聚集起来，阻止变革。

错误3：缺乏愿景

在我见过的成功变革案例里，领导联盟都会有关乎未来的愿景。这个愿景相对容易沟通，能吸引客户、股东和员工。愿景总是会超越五年计划里常见的数字。愿景有助于明确组织需要前进的方向。起初的愿景大多来自一个人，通常还有点模糊。但是，经过领导联盟3个月、5个月甚至12个月的努力，通过他们严谨的分析思考和构想，一些更好的东西出现了。最终，还制定了实现这一愿景的战略。

在一家中型欧洲公司中，愿景的最初版本包含了最终版本中三分之二的基本想法。全球覆盖的概念、在某些业务领域脱颖而出的想法，这些从一开始就出现在初始版本中。但是，最终版本中的一个中心思想——摆脱低附加值的活动——是经过几个月的一系列讨论之后才出现的。

> 在失败的变革中，你经常会发现很多计划、指示和项目，但没有愿景。

没有一个合理的愿景，变革很容易分解为一系列令人困惑和相互排斥的项目，这些项目可能会将组织引向错误的方向或根本无处可去。没有一个健全的愿景，会计部门的再造项目、人力资源部门的新的360度绩效评估、工厂的质量项目、销售队伍的文化变革项目将不会带来有意义的附加价值。

在一个案例中，一家公司给大家分发了四英寸厚的笔记本，描述其如何变革。书本密密麻麻地阐述了变革过程、目标、方法和截止日期。但是，没有一个清晰而引人注目的声明，说明这一切将会导致什么结果。不出所料，与我交谈的大多数员工要么对变革感到困惑，要么感到疏远。这些厚重的笔记本不仅没有将他们团结起来或激发他们参与变革，还可能产生相反效果。

> 一个愿景阐明了组织前进的方向。

在我见过的一些不太成功的案例中，管理层有方向感，但它太复杂或模糊，无法发挥作用。最近，我让一家中型公司的一位高管描述他的愿景，结果像是听了一场令人费解的 30 分钟的讲座。他的回答中虽然包含着完整愿景的基本元素，但是这些元素被埋藏得很深。

一个实用的经验法则：如果你不能在 5 分钟或更短时间内向某人传达愿景，并让对方理解、激发对方的兴趣，那么就说明变革的这一阶段并未结束。

错误 4：对愿景的宣传不足十分之一

我观察到了三种非常普遍的沟通模式。在第一种模式中，一个团队确实制定了一个相当好的变革愿景，然后通过召开一次会议或发起沟通进行传达。整个过程大约占年度内部沟通的 0.0001%，该团队惊讶地发现似乎很少有人理解新的方式。在第二种模式中，组织负责人花了相当长的时间向员工团队宣讲变革愿景，但大多数人仍然没有领会（这并不令人惊讶，因为愿景宣讲过程仅占到年度总沟通的 0.0005%）。在第三种模式中，负责人在通讯稿和宣讲中花费了很多时间和精力，但一些非常重要的高级管理人员仍以与愿景相反的方式行事。最终结果是，员工愤世嫉俗的情绪高涨，而且对沟通的信念呈现下降趋势。

除非有成百上千的人愿意参与变革，甚至在一定程度上做出短期牺牲，否则变革是不可能的。即使员工对现状不满，除非他们相信变革是有用的，否则他们不会做出牺牲。如果没有可信的沟通，而且很多沟通，员工的心灵和思想永远不会被打动。

如果“短期牺牲”包括裁员，那么这第四阶段更加具有挑战性。当裁员是愿景的一部分时，获得大家的理解和支持就变得困难。因此，成功的愿景通常包括新的机会，以及公平对待任何被解雇者的承诺。

善于沟通的高管将信息融入他们的日常活动中。在讨论业务问题时，他们会谈论提议的解决方案如何符合（或不符合）更大的愿景。在日常绩效评估中，他们讨论员工的行为如何帮助或破坏愿景。在回顾部门的季度绩效时，他们不仅谈论数字，还讨论部门高管如何为变革作出贡献。在与公司部门员工进行常规问答时，他们将自己的答案与变革目标联系起来。

在更成功的变革中，高管利用所有现有的沟通渠道来广泛传播愿景。他们将乏味且未被阅读的内部新闻变成关于描述愿景的一篇篇生动的文章。他们将例行且乏味的季度管理会议变成激动人心的变革讨论。他们摒弃了公司大部分采用的管理教育方式，反而更专注于业务问题和传达新愿景。指导原则很简单：利用一切可能的渠道，特别是那些浪费在非必要信息上的渠道，来向员工传达愿景。

> 往往，员工虽然理解新愿景并愿意助力其实现，却发现前路似乎有不可逾越的障碍。

也许更重要的是，我发现重大变革成功案例中的大多数高管都会践行“身体力行”原则。他们有意识地努力成为新企业文化的活生生的象征。这往往不容易。一个 60 岁的工厂经理，如果在前 40 年里几乎都没有花时间来思考客户，那么他做事的时候就不会突然以客户为中心。当然，这部分人也会有很大的变化，并且高度紧迫性在其中发挥了积极作用。同时，领导联盟和愿景构建团队成员这一身份对这位经理大有裨益。所有沟通内容都在不断地提醒他应该展现怎样的行为，以及他收到的来自同事和下属的反馈，也都在帮助他认识到他在何时没有展现出这些行为。

沟通不仅仅是用言辞，更要有行动，并且后者是最有力的沟通方式。行胜于言。没有什么比重要人物的言行不一更能破坏变革的了。

错误 5：没有消除新愿景的障碍

在成功的变革中，随着过程的推进，大量的人开始参与。员工鼓励尝试新方法、发展新想法，并展现领导才能。唯一的限制是，这些行动必须符合整体愿景的大框架。参与的人越多，变革成效越好。

> 最糟糕的是，一些领导者拒绝变革，提出与整体变革相悖的要求。

在某种程度上，变革联盟可以通过成功传达新的发展方向，进而赋能他人采取行动。但是，仅靠沟通是不够的。变革还需要清除障碍。很多时候，员工虽然理解新愿景并愿意助力其实现，却发现前路似乎有不可逾越的障碍。有时候，障碍固化在人们的思维里。此时，如何说服这部分人相信外部障碍其实不存在，这是非常关键的。但是，在大多数情况下，障碍确实是存在的。

有时，组织结构本身就是障碍：过于密集的职位分类严重妨碍生产力的提升，甚至使得考虑顾客的需求变得极其困难。有时，薪酬或绩效评价体系迫使人们在新愿景和个人利益之间做出选择。最糟糕的情况是，一些领导者不仅拒绝变革，还提出与整体变革相悖的要求。

在变革初始阶段，某家公司进行了大量宣传，并在第四阶段取得了良好进展。然而，由于公司最大部门的负责人被允许破坏大多数新举措，变革工作停滞不前。他虽然口头上支持变革，但行为上却没有改变，也没有鼓励他的管理团队做出改变。他没有奖励愿景中提倡的非传统想法，即使在明显与新愿景不一致的情况下，也允许人力资源系统保持不变。他的动机复杂多样：不相信公司需要做出重大变革、担心自己因变革而受到威胁、担心无法同时完成变革和预期的营业利润目标。尽管其他高管支持变革，他们也几乎没有采取任何行动来阻止这位反对者。这导致下面的管理者认为高层管理者们没有坚守变革的承诺，从而引发了负面情绪，最终变革以失败告终。

在变革的前半段路程里，虽然没有任何组织有能力、权力或时间清除所有障碍，但是，必须直面并且清除关键障碍。如果障碍是个人，确保公平对待他或她，并且也要让处理方式与新愿景保持一致。但是，行动是必不可少的，这既是为了赋能他人，也是为了维护整个变革的可信度。

错误 6：缺乏系统地规划并积累短期胜利

真正的变革需要时间，如果没有短期目标可以实现和庆祝，变革努力就有可能会失去动力。如果在 12 到 24 个月内，没有看到变革正在产生预期的结果，多数人不会继续长征。没有短期胜利，太多的人会放弃变革或主动加入那些一直在阻碍变革的队伍行列。

在成功的转型工作实施一到两年后，你会发现：某些指数的质量开始上升或净收入的下降停止、一些成功新产品的推出或市场份额的增长、生产力有显著提高或更高的客户满意度。无论如何，胜利是明确的。变革的结果并不是反对变革的人所能低估的。

创造短期胜利与期望短期胜利不同。后者是被动的，前者是主动的。在成功的变革中，管理者积极寻找方法来促使绩效有显著的提升，通过年度计划设定系统化的目标、实现目标，并以认可、晋升甚至金钱奖励的方式来鼓励参与变革的相关人员。例如，一家美国制造公司的领导联盟在变革实施大约 20 个月后，推出了一款显而易见的优秀产品。这款新产品在变革后的大约 6 个月后便被选中，原因在于它满足了多个标准。具体而言：该款产品在相对短的时间内可以设计和推出；由一小组致力于新愿景的人员负责；有上升潜力；新产品研发团队可以在既定部门结构之外运作，而不产生其他实际问题。几乎没有留给失败的机会，这次胜利增强了变革过程的可信度。

虽然管理者经常对产生短期胜利的压力表示抱怨，但实践证明，这种压力在变革过程中极为有益。人们一旦认识到重大的变革需要较长时间才能实现，紧迫感便可能降低。因此，设定并实现短期胜利的承诺，不仅能保持变革的紧迫感，还能促使人们进行深入的分析思考，有助于明确或调整愿景方向。

错误 7：过早宣布胜利

> 在变革过程中，庆祝胜利是好的，但宣布已经赢得战争将是灾难性的。

经过几年的艰苦工作，管理者可能会被诱惑，在首次有明确的绩效提升时就宣布胜利。虽然庆祝胜利本身无可厚非，但过早宣告整场战争的胜利可能会导致灾难性的后果。在新的做法深深扎根于组织文化之前——这一过程可能需要五到十年的时间——新方法都是脆弱的，易于回退。

最近，我观察了十几个以“流程再造”为主题的变革行动。除了两个案例之外，其余案例在两到三年后完成首个重大项目时，就宣布取得了胜利，向顾问支付了高昂的咨询费用并表示感谢。然而，在随后的两年内，那些被引进的有效变革逐渐消失了。在这十个案例中，有两个如今几乎找不到流程再造工作的任何迹象。

在过去的20年里，我看到过同样的情况发生在许多大型质量提升项目和组织变革进程中。通常，问题从一开始就会显现：变革紧迫感不够强烈，引领变革的联盟力量不够强大，愿景也不够明确。但是，过早庆祝胜利往往直接导致动力的丧失，紧接着传统的势力就会开始占据上风。

讽刺的是，通常是变革的推动者和反对者一起促成这种过早的胜利庆典。在看到进展的明显信号后，推动者过度兴奋并采取行动。接着，反对者迅速加入，他们总是迫不及待地寻找任何机会阻止变革。庆祝活动结束后，反对者会将这次胜利视为已经赢得战斗的标志，并主张将士兵送回家。疲惫不堪的士兵也许会让自己相信确实赢得了胜利。一旦“回家”，士兵就很难再次出征。不久之后，变革便戛然而止，传统又开始悄然复苏。

而成功的领导者则不会急于宣布胜利。相反，他们利用短期胜利所带来的声誉去挑战更大的难题。他们开始着手解决那些与转型愿景不符、之前未曾直面的系统和结构问题。他们格外关注晋升何人、招聘何人以及如何培养人才的话题。他们会发起比最初项目更加宏大的新的再造项目。他们清楚地知道，真正的变革努力需要的不是数月，而是数年。实际上，在我见证的最成功的一次转型中，我们对七年间每年发生的变化进行了量化。在 1 到 10 分的评分中，第一年得分为 2，第二年为 4，第三年为 3，第四年为 7，第五年为 8，第六年回落到 4，第七年再降为 2。变革的高峰期出现在第五年，正好是第一轮明显成功之后的 36 个月。

错误 8：未能将变革根植于公司文化中

归根结底，当变革成为“我们在这里做事的方式”时，当它渗入公司的血液时，它就会坚持下去。除非新行为植根于社会规范和共同价值观，否则一旦变革的压力消除，它们就会退化。

在确保变革深入企业文化并制度化的过程中，需要特别关注两个关键因素。首先，必须明确向所有人展示新的做法、行为和态度是如何促进绩效提高的。如果让人们自行建立这种联系，他们有时会得出完全错误的结论。比如，有些人可能会认为，正是因为有魅力的哈利成为领导，业绩才会提升，而忽略了实际上是他们自身在客户服务和生产效率上的改善起到了关键作用。通过有效沟通帮助人们建立正确的认识是非常必要的。有的公司就是通过坚持不懈地在每次重要管理会议上讨论为什么业绩会提升，并通过在报纸连续刊登文章展示变革是如何提高收益的，从而取得巨大的成效。

第二个关键因素是确保有足够的时间来培养代表新做事方式的新一代高层管理团队。如果晋升标准不发生变化，变革很难得以持续。一个不恰当的领导层继任决定可能会毁掉多年的努力。当董事会没有深度参与变革时，很容易做出错误的选择。在我见过的至少三个案例中，即将退休的高管是变革的倡导者，但他们的继任者虽不反对变革，却也不是变革的积极推动者。由于董事会对变革了解不深，无法看出他们的选择是不合适的。在其中一个案例中，即将退休的高管试图说服董事会选择一个更符合变革精神但经验较少的候选人，但未能成功。在另外两个案例中，首席执行官没有反对董事会的选择，因为他们认为变革不会被他们的继任者逆转。然而，他们错了。不到两年时间，两家公司的变革迹象都开始消失。

人们还会犯更多的错误，但上述八点是最关键的错误。我意识到，在一篇简短的文章中，所有内容听起来可能过于简化。实际上，即使是成功的变革也充满了复杂性和意外。但是，就像需要一个相对简单的愿景来引导人们进行重大变革一样，对变革过程有一个相对清晰的认知可以减少错误（见表 4-1）。或许就是因为错误减少了，才会出现变革成功的结局。

表 4-1　组织变革的八个阶段

	营造紧迫感
第一阶段：	审视市场及分析竞争压力
	识别并讨论危机、潜在危机或重大机会
	↓
	组建领导联盟
第二阶段：	组建一个有足够力量来引领变革的领导联盟
	鼓励领导联盟像团队一样合作
	↓
	构建愿景
第三阶段：	建立有助于引导变革的愿景
	为实现该愿景制定战略
	↓
	沟通变革愿景
第四阶段：	利用多种多样的手段传达新愿景和战略
	发挥领导联盟的榜样作用，以传递新的行为方式
	↓
	善于授权赋能
	消除变革障碍
第五阶段：	改变严重破坏愿景的系统或结构
	鼓励冒险和非传统的想法、活动和行为
	↓
	积累短期胜利
	为取得明显的绩效改进而布局
第六阶段：	实现一个又一个的胜利
	表彰和奖励参与绩效改进的员工

续表

	↓
第七阶段：	**深化变革** 利用提升的声誉改变不符合愿景的系统、结构和政策 招聘、晋升和培养能够实施愿景的员工 通过新计划、主题和变革方式，促进变革的深化
	↓
第八阶段：	**变革成果融入文化** 建立新行为与企业成功之间的联系 制定确保领导力发展和继任的方法

第二部分

互依性与网络

5

权力、互依性和有效管理[①]

在美国，人们对权力及其运作往往感到不自在，常怀疑那些积极寻求权力者的动机，对被操控会有所恐惧。即便是认为权力运作既不可避免又必要的人，当他们使用权力时，也会有某种罪恶感。简言之，人们对权力的总体态度及情感，可追溯至国家的诞生之初，基本上是负面的。查尔斯·赖希（Charles Reich）在其广受欢迎的《绿化美国》（*Greening of America*）一书中写道："邪恶并非权力的误用；权力的存在本身就是邪恶。"这反映了许多人的心声。

这种态度的一个后果是，即使在管理领域内，权力作为一个理性研究和讨论的主题也很少受到关注。如果读者对此表示怀疑，只需浏览一些教科书、期刊或高级管理课

① 本文基于对 26 个组织（包括大型和小型、公共和私营、制造和服务组织）的高度多样化群体的临床研究数据。该研究由哈佛商学院研究部资助。作为研究过程的一部分，作者采访了大约 250 名经理。首次发表于 1977 年 7 月至 8 月的《哈佛商业评论》。

程的介绍即可得到验证。“权力”这个词很少出现。

忽视权力主题，只会让人们更加误解权力和管理究竟是何物。而这种误解不利于大型复杂组织的运行。这是因为在这样的组织中，大多数管理职位的有效履行要求其拥有者精通获取和利用权力。

根据我个人的观察，我怀疑许多管理者——尤其是年轻、受过良好教育的管理者——因为他们不理解权力的演变过程，也没有培养和发展有效获取和使用权力的本能，他们的表现远低于所拥有的潜力。

在这篇文章中，我希望通过回答以下三个问题来消除关于权力和管理工作的一些混淆：

1. 为什么管理过程中的权力演变及发展是非常重要的？
2. 有效的管理者如何获得权力？
3. 有效的管理者如何以及为何使用权力？

我不会讨论权力滥用的问题，并非因为我认为这不重要。实际上，有些管理者在某些时候获取、使用权力的主要目的是为自己谋取私利。这显然是一个非常重要、值得引起关注和研究的议题。当然，这个话题很复杂。而且已经比本文主题获得了更多的关注。

意识到管理工作中的互依性

典型管理者的显著特点之一是通过依赖他人活动，来有效完成自己的工作。医生和数学家的成就更直接地依赖个人才能和努力，而管理者则在不同程度上依赖上级、下属、组织中其他部门的同事、同事的下属、外部供应商、客户、竞争对手、工会、监管机构等。

由于劳动分工与资源限制会影响组织运转，管理工作不可避免地涉及上述依赖关系。在组织里，工作被分配到各个团队、部门和岗位中。管理者直接或间接地依赖许多人提供信息、人员服务和一般合作。由于组织的资源有限，管理者也依赖外部环境提供支持。没有来自供应商、竞争者、工会、监管机构和客户的最低限度合作，这些管理者就无法帮助组织生存并实现目标。

处理这些互依关系和随之而来的脆弱性是管理工作一个重要且困难的部分。从理论上来看，员工和部门都应该主动地以管理者想要且需要的方式来行动。然而，实际情况并非如此。管理者所依赖的人都有各自的时间、精力和才能局限，也面临着竞争的需求。

有些人无法合作可能是因为他们在其他地方太忙，而有些人可能真的没有能力提供帮助。还有些人可能有着与管理者截然不同且冲突的目标、价值观和信仰，而根本没有帮助或合作的愿望。比如：竞争对手公司、工会、感觉受到管理者职业发展威胁的老板、与管理者目标相悖的同事。

事实上，管理者们常常发现自己依赖许多他们直接控制不了且不愿合作的人（和事物）。这是管理者们在职业生涯中感受到的最大挫折之一，甚至在最高职位上的管理者也会有类似的困惑。如下例所示：

经过近一年的传闻，终于宣布ABC公司的总裁被选为董事会主席，而财务副总裁吉姆·富兰克林（Jim Franklin）将接替他成为总裁。尽管每个人都知道很快会有人事变动，但在公告之前，谁会成为下一任总裁并不清楚。大多数人猜测会是营销副总裁菲尔·库克（Phil Cook）。

在担任首席执行官九个月后，富兰克林发现菲尔·库克（仍是营销副总裁）似乎在小事上以微妙的方式与他对抗。虽然没有任何公然的行动，但库克并没有像其他副总裁那样与富兰克林合作。刚当选后不久，富兰克林试图绕过他所认为的与库克之间可能的冲突，告诉库克如果他愿意转移到其他能够成为CEO的地方，他会表示理解。富兰克林还表示，虽然这对公司是一大损失，但如果库克想在其他地方寻找担任总裁的机会，他愿意在诸多方面帮助库克。库克感谢了他，但表示家庭和社区的承诺会阻止他搬迁，而所有的CEO机会都在其他城市。

在第十个和第十一个月情况没有改善后，富兰克林认真考虑强迫库克离开。然而，当他思考这样做的后果时，富兰克林越来越意识到自己是多么依赖库克。在他们的行业中，市场营销和销售通常是成功的关键，而公司的销售队伍在业内是数一数二的。库克在公司工作了25年，与销售队伍中的许多人建立了牢固的个人关系，并且广受欢迎。如果库克被解雇，可能会发生大规模的人员流失。大量销售人员的流失，或者是部门内的动荡，都可能严重影响公司业绩。

担任首席执行官一年后，富兰克林发现库克与自己的关系没有得到改善，而且还不断让他产生挫折感。

随着一个人在组织中获得更多权威，他或她受攻击的面也更多，形势也更复杂。正如前面的例子所表明的，即使是总裁，也要高度依赖他人。当然，局外人或觊觎总裁工作的下级经理往往并不会注意到这一现象。

在深入探讨管理者如何与他人建立关系，以及他们为此所付出的努力时，我们不难发现，一些在管理领域内取得巨大成功的人士，他们的行为方式往往与管理学书籍所述相悖。要有效地规划、组织、预算、配置人力、控制及评估，管理者必须能对众多依赖对象施加一定程度的影响力。单纯依赖于职权下达指令的方式已不足以驱动他人行动。首先，管理者总会面临对某些非直属关系人的依赖。其次，在当代组织中，几乎没有人会因为某人是“上司”就盲目服从其不断发布的命令。

试图仅通过说服来影响他人同样行不通。虽然说服是一种强有力的影响策略，甚至可能是最重要的手段之一，但它同样存在一定的局限性。有效的说服需要说服者投入大量时间、精力、技巧和信息，而且还存在因对方不愿倾听或缺乏关注而导致失败的风险。

这并不意味着基于职位的正式权力和说服不是成功管理者常用的策略。它们无疑非常重要。然而，即使将这两种策略结合应用，有时仍显不足。

成功的管理者能够敏锐地察觉到自己对他人的依赖，通过消除或规避不必要的依赖，并在关键人身上建立自己的影响力，从而有效应对这种依赖性。然后，优秀的管理者会利用这种权力来帮助他们进行计划、组织、人事、预算、评估等工作。换言之，正是由于管理工作固有的依赖性，权力的动态变化必然是管理过程的重要组成部分。

在几年前我参加的一场中层管理人员培训研讨会上发生的一场争论，进一步说明了管理者对权力的需求与其对他人依赖程度之间的重要关系：

两位参与者，都是三十多岁的经理，就管理者获取和使用权力的问题产生了激烈的分歧。其中一位认为权力是管理工作的核心，而另一位则认为权力几乎无关紧要。为了支持自己的观点，他们各自描述了一位他们认为非常“成功”的管理者。在其中一个例子中，一位管理者似乎不断地发展和使用权力，而另一位则很少这样做。随后，两位研讨会参与者被要求根据这些职位中固有的依赖性来描述这些成功管理者的工作。

认为权力不重要的年轻经理描述了一家小公司的一位副总裁，他只依赖他的直接下属、同事和老板。这个叫乔·菲利普斯（Joe Phillips）的人需要依赖他的下属保质保量地完成工作，但如有必要，他可以很容易地亲自代替任何一个人或为他们找到替代者。他对下属有相当大的正式权威；也就是说，他可以给他们加薪和分配新的任务，推荐晋升，或者解雇他们。他在一定程度上依赖公司其他四位副总裁提供信息和合作。他们也同样依赖他。总裁对菲利普斯有相当大的正式权威，但也在一定程度上依赖他提供帮助、专业建议、其团队的服务、其他信息和一般合作。

认为权力非常重要的第二位年轻经理描述的是一家大型、复杂且不断发展的公司的服务部门经理——萨姆·韦勒（Sam Weller），他的处境与菲利普斯完全不同。韦勒不仅依赖他的上司提供奖励和信息，还依赖组成部门和公司高级管理层的其他30个人。虽然他的上司与菲利普斯的上司一样，在一定程度上依赖他，但大多数高层管理者并不依赖他。由于韦勒的下属与菲利普斯的下属不同，有人向他们汇报工作，因此韦勒不仅依赖他的下属，还依赖他下属的下属。由于韦勒不能轻易替换或完成下属们的大部分技术工作，他就不得不非常依赖这些人。

此外，在关键物资供应方面，韦勒依赖另外两位部门经理。没有他们的及时帮助，他的部门就无法完成任务。然而，这些部门并不太需要韦勒的帮助。韦勒还依赖当地工会官员和监管该部门行业的联邦机构。这两个机构掌握着该部门的生杀大权。

最后，韦勒还依赖两家关键材料的外部供应商。相对于这两家公司的规模，其部门的采购量很小，对这两家供应商几乎没有控制力。

在这种情况下，萨姆·韦勒需要花费大量时间和精力来获取和使用权力，以管理他的许多依赖关系。然而，乔·菲利普斯则不需要这样做。

这个例子揭示了一个重要的现实：并不是所有的管理职位都需要在位者展现同样程度的以权力为导向的行为。然而，在当前的大多数管理职位中，情况更倾向于韦勒的模式，而不是菲利普斯式的。更为关键的是，过去几十年的发展趋势是从菲利普斯式的职位转向韦勒式的职位。随着技术愈发复杂、组织规模日益扩大，以及行业竞争和监管的不断加剧，这种趋势预计将会一直持续下去。因此，在这一趋势的推动下，管理者有效地获取和运用权力能力的重要性将日益增加。

在关系中建立权力感

为了有效应对工作中固有的依赖关系，高效的管理者会在四个不同的领域内创造、增强或维护对他人的影响力。拥有这些领域的权力，管理者能够在必要时影响那些他或她所依赖的人，并避免因任何人的行为而受到伤害。

建立义务感

成功的管理者通过在他人心中培养一种义务感，从而在人际关系中产生权力。当管理者取得成功时，其他人便自然觉得他们理应在一定范围内接受管理者的影响。

成功的管理者往往会不遗余力地帮助那些他们认为有义务回报他们的人。从下面一位下属对其上司的描述中可以看出，有些人非常善于寻找机会，做一些对自己来说花费很少，但别人却非常感激的事情：

“如果我的老板要求，这里的大多数人都愿意为其赴汤蹈火。他总能做一些对人们意义非凡的小事。例如今天，他在垃圾邮件中偶然发现了一则广告，恰好是我的一个下属曾经提及他在寻找的商品。于是我的老板就把它转发给了他。这可能只花费了老板15秒的时间，然而我的下属对此却深表感激。再举一个例子，两周前，老板以某种方式得知采购经理的母亲去世了。那天晚上回家时，他特地顺路去了殡仪馆。我们的采购经理当时在场。我敢肯定，他一定会对那次短暂的探访记忆犹新。”

意识到大多数人都认为友谊意味着一些义务（“患难之交……”），成功的管理者经常尝试与那些他们所依赖的人建立真正的友情。还会制定正式和非正式的协议，在协议中为了获得某些未来的回报而做出某些让步。

相信管理者的专业性

成功的管理者通过建立某些领域“专家”的声誉作为获得权力的第二种方式。由于相信管理者的专业性，其他人通常会在这些事务上听从管理者的意见。管理者通常通过公开的成就来建立这种类型的权力。成就越大且越显眼，管理者发展的权力就越大。

管理者关注“职业声誉”和业绩记录的原因之一是，这些会影响其他人如何看待的他们专业性。这在大型组织里尤其重要。这是因为多数人对他人的专业能力判断大多通过第二手信息了解。如下例所示：

赫伯·兰德利（Herb Randley）和伯特·克莱恩（Bert Kline）都是一家大型研发机构中的35岁副总裁。根据他们最亲近的同事们的说法，二人在技术领域和管理能力上同样出色。然而，兰德利在公司的大多数地方拥有更强的职业声誉，他的想法也通常具有更大的影响力。亲密的朋友和同事认为，兰德利之所以更具影响力，与他使用的策略比克莱恩多有关。

兰德利发表的科学论文和管理文章比克莱恩多。兰德利在选择自己参与的项目时更为挑剔，选择那些能见度高且能发挥他长处的项目。他在自己的成就项目上做了更多的演讲和展示。而且，一般来说，在会议中，他在自己擅长的领域表现得更为强势，在自己不擅长的领域则保持沉默。

建立管理者的认同

管理者获取权力的又一途径，在于激发他人对其代表理念的无意识认同。西格蒙德·弗洛伊德（Sigmund Freud）率先描述了这一现象：一个人在意识层面和（更重要的）无意识层面将一位管理者视为理想人物的程度越高，他或她越会听从那位管理者。这一现象对于仰慕魅力型领导者的员工而言最为明显。

于是，借助他人对自己理想化的认识，管理者有机会通过多种方式构建自己的权力基础。他们尝试以受人尊敬的方式展现自己并采取行动。他们不遗余力地公开自己的行为，并就其组织目标、价值和理念发表演讲。他们甚至在做出招聘和晋升决策时，都会考虑是否能够对候选人产生类似的影响力：

> 一家中等规模制造业公司的销售副总裁以能控制其销售队伍而著称，他可以让销售团队在公司最佳竞争对手所需时间的三分之一内响应新的不同营销计划。他对员工的影响力主要基于这些员工对他及其所代表的理念的强烈认同。他 17 岁时移民到美国，从“一无所有”到后续的逐步晋升。1965 年被任命为销售经理时，他开始招募其他年轻的移民和他原籍国的移民的后代。1970 年成为销售副总裁后，他继续这样做。到 1975 年，他的销售队伍中有 85% 的人是由他直接招聘或由他引进的其他人所招聘。

管理者塑造感知依赖的策略

在有效的管理艺术中，管理者赢得权力的一个关键方式在于让其他人更加依赖自己。这种依赖不仅仅是出于对帮助的需求，也包括避免潜在不利影响的需求。当人们感觉到他们对管理者的依赖程度越高时，他们更加倾向于与这些管理者建立合作关系。

成功的管理者通常使用两种方法来创建感知依赖。

发现和获取资源

在第一种策略中，管理者识别并确保能够有着对关键资源的控制权，这些资源是他人为完成工作所必需、但自身难以获取的。比如：决策权力、财务资源、设备和办公空间的使用权、关键人物的接触渠道、信息及其传递途径等。接着，管理者会让他人知道自己掌握着这些资源，并有意愿和能力利用这些资源给他人提供帮助或设立障碍。以下例子虽极端，却反映了这一策略在实际中的具体应用：

蒂姆·巴布科克（Tim Babcock）是一位年轻有为的领导者，他被授予了重振一家大型制造企业分公司的重任。他花了几周时间先在远程进行了深入评估，然后他意识到这个分公司正处于一场未曾预料的危机之中，需要立即采取大刀阔斧的变革措施。面对这样的挑战，巴布科克清楚，只有迅速在管理层及员工之间建立起强有力的影响力，他才能指引分公司走出困境。他采纳的策略如下：

1. 他在抵达前两小时，通知分公司管理层他即将到来。

2. 他乘坐一辆豪华轿车抵达，并伴随六位助理。
3. 他迅速召集了40位高层管理者，举行紧急会议。
4. 在会上，他简洁明了地评估了当前的危机，表达了扭转乾坤的决心，并分享了有关分公司未来的清晰愿景。
5. 随即，他果断地解雇了4名不符合要求的高级管理者，并要求他们在两小时内离开办公楼。
6. 他明确声明，将不惜一切代价打击任何阻碍变革的行为。
7. 在60分钟的会议结束时，他宣布从次日早上7点起，他的助理将开始安排他与每位会议参与者单独会面。

在随后的六个月里，蒂姆·巴布科克通过一系列行为，成功地赢得了分公司员工的支持和合作。

影响他人对于自己资源掌握程度的感知

有效的管理者通过影响他人对其资源掌握程度的感知，进而获取一种超乎寻常的权力。在复杂的组织环境中，尤其是在与关键利益相关者之间的互动并不频繁和持续的情境下，人们往往是难以知道管理者实际控制着什么资源、未来可能控制什么资源，以及管理者准备如何利用这些资源来帮助或阻碍自己。于是，人们必须根据自己的感知做出推断。

管理者如果能够有效地影响这些感知，那么他们展示出的权力会比实际资源所赋予的权力更大。

为此，管理者深谙如何利用权力的外在表征，以及如何管理自己的声誉和形象。他们不仅会精心选择和布置自己的办公空间以传递权力的信号，还会与那些已知拥有权力或被视为有权力的人物或组织建立联系，进而巧妙地营造和维护关于自己有较大权力的传言。善用这种策略的高手特别注意自己言行举止所带来的影响，也因此能炉火纯青地“营造权力感知”。

正式权威

在讨论管理者如何利用其权力去影响他人之前，了解正式权威与权力之间的关系尤为重要。正式权威指的是那些管理职位自带的元素，如职称、办公室、预算、做出某些决策的权力、一些下属、汇报关系等。

有效的管理者把正式权威的各个元素当作资源，进而培养前文所述的四种类型权力。正如他们利用其他资源（比如教育经历）一样，即便是拥有相同正式权威的两位管理者，如果利用这些权威的方式不同，也会让他们最后释放的权力效果截然不同。例如：

1. 一位管理者通过与新入职员工或是即将开始新项目的员工进行沟通谈话，进而明确自己拥有的正式执行权。这有助于赢得他人的强烈归属感，从而在未来让他们更加自觉地顺从这位管理者的权威。

2. 通过有选择地拒绝或者为其他部门提供高质量服务，进而其他管理者会清晰地感觉到自己依赖该部门管理者。

所以，正式权威本身并不直接意味着权力的大小；它仅是管理者可以用来在其人际关系中构建权力的一种资源。

运用权力影响他人

成功的管理者会通过在人际关系中培养出来的权力以及说服力，去影响他们所依赖的人，进而达到有效管理的目的。这些管理者可以使用权力直接面对面或以更间接的方式影响他人。（见表 5-1。）

面对面的影响

行使权力来直接影响他人的主要优势是速度。如果管理者有实权，并且能够正确地理解它的性质和力量，那么他或她只需一个简短的请求或命令就可以影响到另一个人：

琼斯过去给了史密斯一些恩惠。为此，琼斯认为史密斯会感到自己有义务去听从相关指示。如果琼斯要求史密斯提前两天完成一个项目，那么史密斯也会认为是合理的。因此，琼斯只是打电话给史密斯提出了这个请求，史密斯也只是犹豫了一秒钟，就答应了。

表 5-1 影响方式

面对面的方式	影响结果	优势	不足
基于义务感的权力运用	对方在认为合理的义务范畴内会去采取相应的行为	迅速，而不需动用实质性的资源	如果“要求”超出对方的接受范围，将无法达成目的；如果过于超出义务范围，其他人将认为不合理
基于专业知识的权力运用	根据他人对管理者的专业知识认可程度来影响这部分人的态度和行为	迅速，而不需动用实质性的资源	如果“要求”超出对方的接受范围，将无法达成目的；如果过于超出义务范围，其他人将认为不合理
基于领导认同的权力运用	态度和行为不能违背领导认同的前提	迅速，而不需动用有限资源	只限于对领导认同的情况
基于感知依赖的权力运用	涉及可被监控的一系列行为	迅速，往往能在其他策略失效时取得成功	频繁尝试使用可能会促使他人获得对影响者的控制力

续表

面对面的方式	影响结果	优势	不足
基于感知依赖的强制性权力运用	一系列行为都很容易被监控	迅速，常在其他策略失效时取得成功	易招致报复；风险极高
运用说服力	影响大多数态度和行为	能激发内在动机，无须外部监督。不需依赖权力或消耗稀缺资源	非常耗时，需要对方愿意聆听
综合运用多种方法	效果依赖于具体的组合方式	比单一策略更有效且风险更低	相比单一策略，成本相对较高
间接的手段	**影响结果**	**优势**	**不足**
通过采用一种或多种面对面的方法，来改变对方的环境	影响大范围的态度和行为	当直接沟通失败时，这种方法或许奏效	很难实施且耗时。特别是频繁使用时，风险极大
改变持续作用于个体的外部力量，包括正式组织安排、非正式社会安排、技术发展、资源分配以及组织目标的设定等	持续影响大范围的态度和行为	具有可持续性，而非一次性；影响很大	要实现这样的变化通常需要大量的权力和资源投入

基于感知的依赖，约翰逊经理对贝克经理有一定的影响力。当约翰逊告诉贝克他希望在24小时内完成一份报告时，贝克不情愿地考虑了服从、不服从以及向上级申诉的成本。他认为完成报告是成本最低的行动，并告诉约翰逊他会这么做。

波特非常认同马奎特，一位年长但不是她上司的经理。波特认为马奎特是伟大管理者的典范，并试图以她为榜样。当马奎特请求波特参与一个“有助于提升公司应对新竞争产品的能力”的非常有价值的项目时，波特毫不犹豫地同意，并在她每周正常工作时间之外，额外工作15小时以确保项目顺利完成并做得很好。

在努力塑造和影响他人的过程中，管理者可运用的四种权力各具特色，既有其显著的优势也伴随着一定的局限性。譬如，凭借专业知识或对领导的认同所构建的权力，管理者能够有效地改变他人的态度及当下行为，从而产生较深远的影响。相较之下，通过让他人对自己产生依赖，进而施加影响这种方式，虽在改变他人态度上颇具挑战，而一旦实现，其影响范围往往超越其他方式。以“基于感知专业知识的权力”为例，这种影响辐射范围仅限于专业知识定义的狭窄区域。

特别值得关注的是，基于感知依赖的权力也会存在一些问题。依赖于管理者以获得奖赏（或避免惩罚）的个体，或许会迅速响应管理者的要求，但后续却缺乏执行力——特别是在管理者难以验证执行情况时。此外，如果频繁使用这类权力，那么可能会激发对方寻求平衡权力的欲望。更重要的是，强制性地运用基于感知的依赖权力极具风险性，容易招致对抗和报复。

以蒂姆·巴布科克为例，他为了挽救分公司而采取极端措施，便运用了“基于感知的依赖权力”。这种做法有可能导致大规模的辞职和部门解体。巴布科克深知这一风险，但挽救分公司需快速得到大家的合作，而合作意愿还很低。在这种情况下，他不得不选择这种极端的措施。

富有成效的管理者往往不满足仅仅运用单一的权力形式来影响他人，而是倾向采用不同权力形式与说服策略相组合的方式。通常，这种综合应用方式比单一方法更为有效，且风险更低。

一位在公司内部具有广泛影响力的卓越管理者，虽然拥有对大多数人的影响力，但很少直截了当地发号施令。相反，他总是试图花费几分钟时间来说服他人。他的影响力使得他人更加倾向认真聆听和易于被说服，这使得说服过程变得迅速而顺畅。重要的是，他避免了向对象提出可能被视为不公平的请求或命令，从而规避了激怒或冒犯他人的风险。

在实践中，管理者往往不会孤立地运用基于感知依赖的强制性权力，而是将其与其他策略相结合，以降低引发报复的风险。通过这种方式，管理者能够在不仅仅依赖惩罚的情况下，产生显著的正面影响，避免不好的后果。

间接的影响方式

在使用权力的众多策略中，富有洞察力的管理者往往采用两种更为间接的方法来影响他们所依赖的群体。第一种方法：他们借助面对面交流的各种方式来影响其他人，进而间接作用于目标个体。

以产品经理斯坦的行动为例，他面临的挑战是让工厂经理比林斯认可原本不看好的产品X。斯坦深知，由于比林斯根本不愿意开放心扉听取意见，单凭逻辑说服比林斯是行不通的。时间若允许，斯坦相信自己或许能打破这一僵局，现实是时间很紧张。他也明白，比林斯不会因为某个交易或好处去认可原本不信任的产品。于是，斯坦采取了以下精心设计的步骤：

周一，斯坦让比林斯所敬重的雷诺兹向其发送了两份极为支持产品X的市场研究报告。此外，他还表示了对这些报告的惊叹，表示自己虽不是完全信服，但是也认为产品X是有潜力的。

紧接着周二，斯坦安排公司一位主要客户代表在与比林斯的通话中不经意提及他听闻产品X即将推出的消息，并表达了对公司像往常一样保持敏锐度的赞许。

到了周三，斯坦安排两位工业工程师在会前等候之际，站在离比林斯大约三英尺远的地方，谈论产品X的积极测试结果。

周四，斯坦召开了一场讨论产品X的会议，邀请了比林斯和他所尊重、信赖、同时对产品X持正面态度的人士。

最后，在周五，斯坦向比林斯提出是否愿意对产品X给予批准，结果获得了肯定的答复。

这种操纵他人环境的策略能够有效地影响他人的态度和行为。此外，在其他影响策略不奏效时，上述策略也常取得成效。当然，这种方式并非没有弊端。它需要耗费大量的时间与精力，风险也相当高。许多人认为，即便无意识中运用这一技巧，那采用此种方式去影响他人也是不妥的。如果人们感觉到自己正在被或已被操纵，他们可能会采取报复行为。更为重要的是，一旦某人被贴上操纵者的标签，将严重损害其构建权力和影响他人的能力。几乎没人愿意与一位操纵者建立联系，也没人会完全接受操纵者的真诚劝说。在极端情况下，操纵者的名声甚至可能彻底毁掉一位管理者的职业生涯。

管理者间接影响个体或团队的第二种方法是持续变革他们所处的环境。具体来说，包括修改职位描述、调整绩效评估体系、变更外部激励机制、提供团队合作所需的工具、分配人力和其他资源、优化组织架构，以及更新规范和价值观等。如果管理者能够成功地实施这些变革，并且变革产生了预期的效果，那么将会对个体或团队产生积极、可持续的影响力。

高效能的管理者深知周围环境对个体行为的重大影响力。与其他影响手段不同，这种策略不需要管理者不断地投入大量宝贵资源和努力。一旦这类环境变革得以成功实施，其影响力将自动延续，而无须管理者的进一步介入。

几乎所有的管理者在一定程度上都会运用这种影响策略。然而，很多人对此采取谨慎态度，部分原因是他们缺乏相应的权力，来变革影响其目标人群所处的环境。在众多组织中，往往只有高层管理者才被授权去变革正式的评价体系、调整激励措施、优化组织架构等。

产生并且成功地使用权力

成功地获得并使用权力的管理者往往具有一些共同的特点：

1. 他们对于在获取和施展权力时被普遍接受的行为模式极为敏感。认识到所有权力类型都伴随着一定的“职责”。那些依靠专业知识积累大量权力的人士，常被看作某领域的权威。倘若公众察觉到某人在其所声称的专业领域内并非真正的专家，该个体不仅会失去其权力，还可能会受到惩罚。

   对于能够与广泛群体产生共鸣的人，追随者期望他们展现出理想的领导风范。若他们显然不能满足这些期望，不仅会失去权力，还可能遭受原本追随者的激烈反弹。比如：管理者凭借“基于依赖感知的权力”要求员工加班或者不公平对待员工，最终导致了工会的成立。

2. 他们对不同类型的权力及影响策略有一种直觉式的理解，能够敏锐地察觉到哪种类型的人更可能受到特定权力类型的影响。例如，他们了解专业人士往往易受专业知识权力的影响，而非其他形式。他们精通各种影响手段及其可能实现的目标、成本和风险（见表 5-1），能够在任何特定情境下识别出最合适的策略。

3. 他们努力发展各类权力，并采用表 5-1 提到的所有影响手段。不同于那些在影响他人方面表现不佳的管理者，高效的领导者通常不会认为只有特定的手段是有效或道德的。他们认为，适时使用任何策略均能提升组织效能，同时避免负面后果。同时，他们尽量避开那些相比其他策略风险更高、可能带来不良后果的手段。例如，他们只在绝对必要时才操纵他人所处的环境。

4. 他们设立职业目标，并追求能够培养和获得权力的管理职位。例如，寻找能够借助自己的背景和技能来掌控或解决关键性问题或环境挑战的岗位。明白在这些职位上取得成功将增强他人对自己的依赖感和专业形象。他们还寻找与自身技能相匹配、不需要强制施加权力的岗位。

5. 他们利用一切可用的资源、正式的权威和影响力进一步积累权力。正如爱德华·班菲尔德（Edward Banfield）所比喻的，他们实际上都在设法为个人权力投资，以期获得丰厚的回报。例如，通过请求他人协助自己完成两项关键任务，该管理者会使项目提前一天完工。这一请求可能会消耗他基于义务的全部权力，但作为回报，他在组织中会显著提升个人作为项目管理者的专业声誉。

如同金钱投资，权力的使用也充满风险。即使最有权威的管理者也可能在一次大规模的“投资”后收获甚微。然而，与资本投资类似，高效的管理者并不回避风险，而是寻求那些经过谨慎评估的风险。

6. 有效的管理者是成熟和克制的，他们会调整以权力为导向的行为。他们极少（如果有）出于冲动而发展或运用权力，更不会仅为了个人利益而扩张或施用权力。

7. 最终，他们会承认并接受这一事实，即在运用这些策略时，他们显著地影响了他人的行为和生活。不同于那些表现欠佳的管理者，他们在使用权力施加影响时，会让他人感到相对舒适。他们通常凭直觉认识到，如本文所探讨的——他们建立和运用权力仅是完成繁重管理任务的必要条件。

掌握权力并非通过简单遵循一套规则就能学会的技能，而是源自内在深处的一种能力。尽管如此，遵循一定的指导原则，我们可以培养对权力的敏感性和掌控能力。我们每个人内心都蕴藏着巨大的权力潜能，但仅有少数人能够真正意识并利用它。

在某些“原始”的文化中，年轻人通过参加复杂的成人仪式来认识并接受权力。这些仪式的规则是绝对的、明确的，需要严格遵守，它们旨在提高个人的自我认知——单纯的仪式参与是不够的。例如，在某些美洲印第安部落，年轻男性会把自己埋在荒凉山丘上的土坑里，一直埋到颈部，以此学习耐心、专注和在必要时保持静止的能力，无论这有多么不适。这一过程并无任何神秘色彩——一个无法静止或因被苍蝇叮咬而挠痒的猎人，不太可能捕获到许多猎物。生存取决于控制自身身体和心灵的能力。

我们的世界并不像看起来那样喧嚣和复杂，但我们不如那些印第安人幸运。我们付出巨大的代价和努力去接受教育，但没有一位睿智的导师让我们为成年后将面对的世界做好准备。如果幸运，我们学会了如何做一份工作，但对大多数人来说，生存的代价是屈服。在我们的世界里，几乎每个人都有一席之地，但通常是按照别人的规则而活。虽然一些人学会了如何取得成功，甚至可能变得富有和著名，但很少有人学会如何利用这个世界，而不是被它所利用。①

① 摘选自《权力！如何获得它，如何使用它》（*From Power! How to Get It, How to Use It*），作者迈克尔·科达（Michael Korda）。

6

管理上司[①]

——约翰·加巴罗（John J.Gabarro）、约翰·科特

对大多数人而言，“管理上司”这一概念可能听起来非同寻常，甚至引发质疑。在多数组织中，由于习惯了自上而下的传统管理模式，管理者向上建立关系的必要性并不明显——除非这样做是出于个人利益或政治目的。然而，我们所讨论的并非政治操纵或溜须拍马。此处提到的“管理上司”，是指有意识地与上级协作，以期达到对自己、上司以及公司都最为有益的结果。

近期研究揭示，高效的管理者不仅投入时间和精力来建立与下属的良好关系，而且也会很重视与上司之间的关系管理。然而，并不是所有表现卓越的管理者都会重视“管理上司”。事实上，一些管理者能积极有效地管理下属、产

① 这篇文章是约翰·科特与约翰·加巴罗（John J.Gabarro）共同撰写，约翰·加巴罗是哈佛商学院人力资源管理 UPS 基金会教授。首次发表于 1993 年 5 月至 6 月的《哈佛商业评论》。

品、市场和技术，但在与上司的互动中反而采取被动的态度。这种态度对他们自己及其所在的公司几乎总是不利的。

如果你认为管理你与上司之间的关系不是那么重要，或者认为有效执行“管理上司”这一策略有很多困难，那么以下这个既令人遗憾又富有启示性的故事或许能给你一些思考：

> 成功的管理者会与所有他们依赖的人建立关系——包括上司。

弗兰克·吉本斯（Frank Gibbons）是业内公认的制造业奇才，无论按哪种盈利标准衡量，他都是一位杰出的执行官。1973年，基于他的卓越表现，吉本斯被任命为该行业第二大且盈利最高公司的副总裁。然而，吉本斯并不擅长人员管理，他本人及公司内外的同行都对此心知肚明。鉴于这一弱点，公司总裁特意安排了一批善于人际合作、能弥补吉本斯不足的员工向他汇报工作，此举证明效果显著。

1975年，菲利普·波内维（Philip Bonnevie）被提升至向吉本斯汇报工作的职位。遵循既定模式，波内维因其杰出的业绩和良好的人际关系而被选中。然而，选择他的过程中，总裁未曾考虑到在波内维快速晋升的过程中，历任上司的管理经验都很丰富，他从未面临与难以相处的上司处理好关系的挑战。回顾此事，波内维承认，他从未将管理上司视为自己工作的一部分。

开始为吉本斯工作的 14 个月后，波内维就被解雇了。同一季度，公司近 7 年来首次报告净亏损。许多了解这些事件的人坦言，他们并不完全明了究竟发生了什么。已知的是，在公司推出一项重大新产品的过程中——该过程要求销售、工程和制造部门非常谨慎地进行协调——吉本斯与波内维之间发生了一连串的误解与不愉快。

例如，波内维声称吉本斯已了解并接受了使用新型机器生产新产品的决策；然而，吉本斯坚决否认。此外，吉本斯声称他已明确指出，鉴于产品引入对公司的短期发展至关重要，他绝不会冒任何重大风险。

由于这些误解，计划发生了偏差：新建的工厂并不能满足工程设计的生产要求，也不能达到销售部门期望的产量，更不用说按照执行委员会同意的成本进行生产了。吉本斯将这一失败归咎于波内维，而波内维则反过来责怪吉本斯。

当然，有人可能会说问题源自吉本斯对下属管理不善。但另一种观点认为，问题在于波内维未能妥善管理与上司之间的关系。值得注意的是，吉本斯与之前其他下属之间的关系并未出现问题。此外，考虑到波内维个人付出的代价（被解雇，在业内声誉严重受损），说问题出在吉本斯管理下属不力，也没什么安慰作用。大家都知道这一点。

我们相信，如果波内维能更加精通于理解吉本斯以及管理与他的关系，情境可能会有所改变。在此情况下，管理上级的失败造成了巨大的代价：公司损失了200万至500万美元，而波内维的职业生涯至少暂时中断。在所有大型企业中，可能定期发生许多类似但代价较低的情况，然而这些累积的影响极具破坏性。

对上下级关系的误解

人们常将我们刚刚讲述的故事简单归结为性格冲突。因为在某些情况下，两人可能因为心理或性格上的原因而无法协同工作，这似乎是一个恰当的解释。然而，我们发现，性格冲突往往仅是问题根源的一部分，有时甚至是很小的一部分。

波内维与吉本斯的分歧不仅仅在于性格，更在于他对上下级关系本质的不切实际的假设和期待。具体而言，他未能意识到自己与吉本斯的关系涉及两个可能容易犯错的人之间的相互依赖。如果未能认识到这一点，经理通常要么回避尝试管理他或她与上司的关系，要么管理得毫无成效。

有些人表现得仿佛并不十分被上司依赖。他们没有意识到上司在多大程度上需要他们的帮助与合作以有效完成工作。这些人拒绝承认：他们的行为会严重伤害上司，上司需要他们的合作、可靠和忠诚。

有些人认为他们对上司的依赖不大，忽略了为了很好地完成本职工作，他们需要从上司那里获取多少帮助和信息。正如波内维的情形所示，当经理的工作和决策影响到组织的其他部分时，上述浅显的认知就会带来很大的危害。经理的直接上司在多方面发挥关键作用，包括：帮助经理与组织其他部门建立联系、确保经理的优先项目与组织需求保持一致、提供完成目标所需的资源。然而，一些经理错误地认为自己几乎是自给自足的，不需要上司提供关键信息和资源。

上司能够帮助经理与组织的其他部门建立联系、确定优先事项，并获得必要的资源。

许多经理，如波内维，会认为上司都料事如神，能知道并提供给自己所需的信息或帮助。当然，一些上司在这方面确实做得很好，但经理期望所有上司都这样做是危险的，也是不现实的。经理们合理的期望是他们能够得到适度的帮助，毕竟上司也只是人。大多数真正高效的经理都会接受这一事实，并对个人职业发展负主要责任。他们特意寻求完成工作所需的信息和帮助，而不是等待上司主动提供。

综上所述，我们认为管理两个会犯错的人之间的相互依赖关系，有以下几点需要注意：

1. 能很好地理解彼此，特别是关于双方优点、缺点、工作风格和需求。
2. 利用这些洞察，可以构建和维护一种健康的工作关系——一种既与双方工作风格和优势相匹配、又以相互期望为基础，并能满足对方最核心需求的关系。这种融合，在本质上，正是我们在高效能管理者身上观察到的行为模式。

理解上司

管理你的上司意味着你不仅要切身理解上司及其所处的环境，同时也要了解自己的处境。虽然所有管理者都在不同程度上践行这一点，但许多人做得远远不够。

至少，你应该深入了解上司的目标与压力、优势与弱点。你的上司追求什么样的组织和个人目标？他或她面临的压力源是什么，尤其是来自他或她上司和同级别同事的压力？你的上司有哪些明显的长处和潜在的盲点？他或她倾向于何种工作风格？你的上司偏好通过何种方式接收信息：备忘录、正式会议，还是电话？他或她是倾向于面对冲突，还是尽可能避免冲突？

如果缺乏这些关键信息，那么管理者在与上司互动时就像在黑暗中摸索。在这种情况下，不可避免地会发生不必要的冲突、误解和问题。

在我们研究的一个案例中，一位业绩杰出的市场管理高手被聘为一家公司的副总裁，负责解决市场和销售难题。这家财务状况不佳的公司最近被一家规模更大的企业收购。急于改变现状的总裁最初给予了这位新市场副总裁极大的自主权。依托过往经验，新任副总裁准确地判断出公司急需扩大市场份额，而强化产品管理是实现此目标的关键。基于这一逻辑，他制定了一系列旨在扩大大宗业务的定价策略。

然而，随着利润率的下降和财务状况的未见改善，总裁施加给这位新任副总裁的压力开始增加。副总裁相信，随着公司市场份额的回升，形势将会自然好转，因此他顶住了压力。

到了第二季度，利润率和利润依旧未见好转，总裁直接接管了所有定价决策，并对所有商品实施了统一利润率政策，而不考虑销量大小。新任副总裁逐渐发现自己被总裁边缘化，他们的关系随之恶化。事实上，副总裁对总裁的行为感到非常困惑。遗憾的是，总裁的新定价方案同样未能提升利润率，到了第四季度，总裁和副总裁都被解职。

直到事情无法挽回时，新任副总裁才意识到，提升市场份额和销售业绩仅仅是总裁众多目标中的一个。他最迫切的目标是迅速提高公司的盈利能力。

新任副总裁并未意识到，他的上司因个人及商业原因对这一短期目标寄予厚望。总裁曾在母公司内部强力推动这次收购，其个人声誉也因此岌岌可危。

副总裁犯下了三个根本性的错误：他过于信任获得的信息，在缺乏信息的情况下进行了假设，并且最为致命的是——他未曾主动尝试了解上司的真实目标。因此，他的所作所为实际上与总裁的首要任务和目标完全相反。

> 与上司有效协作的管理者会对上司的工作方式保持高度敏感。

他们不是机械地遵循固定模式，而是积极寻找有关上司的目标、上司面临的问题及压力的信息。他们随时准备利用机会，向上司及其周围人提出问题，检验自己的假设，并留意上司行为中的微妙信号。特别是在开始与新上司合作时，采取上述策略至关重要。有效的管理者清楚地知道上司的优先级和关注点是动态变化的，所以他们会持续采取上述策略。

特别是在遇到上司变更的情况时，对新上司工作风格保持敏感度显得尤为重要。举个例子，一位做事有条不紊、循规蹈矩的新任总裁取代了一位做事随意、依赖直觉的前任。这位新上司偏好通过书面报告和设有明确议程的正式会议进行工作。

一位部门经理察觉到这种需求变化，并与新上司协作，明确了所需的信息种类和报告频次。这位经理还特别注重提前提交背景资料和简要议程，以备讨论。他发现，通过这种方式的准备，会议变得极其高效。更值得注意的是，得益于充分的准备，新上司在头脑风暴会议上表现得比前任更加高效。

与此相比，另一位部门经理未能充分理解新上司与前任在工作风格上的差异。当他意识到这一点时，他觉得新的方式过于束缚。结果，他很少向新上司提供必要的背景信息，导致总裁在与该经理开会时会感到自己没有事先做好准备。事实上，总裁在会面时花费了大量时间去寻求他认为应该早已掌握的信息。这种会议让总裁感到沮丧且效率低下，而该经理则经常因总裁的提问感到措手不及。最终，这位部门经理选择了离职。

上述两位部门经理的差异并不完全在于能力或适应性。更确切地说，只是第一位经理更敏锐地感知了上司的工作风格及其需求。

理解你自己

在管理与上司之间的关系中，上司只是这段关系的一半，你自己是另一半，这也是你可以更直接掌控的部分。因此，要培养一种有效的工作关系，你必须深入了解自己的需求、优缺点以及个性风格。

虽然你无法改变自己或上司的基本性格，但你可以知道自身哪些因素是与上司合作的障碍或助力。进而，你可以采取相应措施，让双方关系变得更为高效。

例如，在我们观察到一个案例中，一位经理与其上司一旦有分歧就会出现问题。上司通常的做法是坚定立场并夸大其词。作为回应，经理则会进一步强化自己的论点，将个人愤怒转化为尖锐地攻击上司假设中的逻辑错误。相应地，他的上司就更坚决地维护原有立场。不出所料，这种“战斗力”逐渐升级的循环使得下属尽可能地避免与上司讨论任何可能引发冲突的话题。

在与同事讨论这一问题时，该经理发现，他对上司的反应实际上是他面对反对意见时的典型反应——只是具体表现略有不同。他的反应虽足以压倒同事,却无法压倒上司。由于他尝试与上司讨论这一问题未获成功，他意识到改变现状的唯一方法是处理自己的直觉反应。每当双方陷入僵局时，他会克服自己的急躁，并建议彼此暂时分开冷静一下，等到下次会面前再仔细考虑。通常，在他们恢复讨论时，他们已经吸收了彼此的不同观点，从而能够更有效地解决问题。

尽管获得这种自我认识并将其转化为行动可能有难度，但绝非不可能。例如，一个年轻的经理通过反思自己的过往经历，意识到自己在处理棘手和情绪化的人际问题上不够熟练。由于他对这类问题感到不舒服，并认识到自己本能的反应往往不尽如人意，他便养成了在遇到这类问题时总与上司进行沟通的习惯。他们的对话经常能够给经理带来未曾思考过的新想法和解决方案。在许多情况下，他们还确定了上司可以采取哪些具体行动来提供帮助。

> 反依赖型管理者有时会将上司视为组织内的敌人。

尽管上下级关系本质上是互相依存的，下属对上司的依赖往往超过上司对下属的依赖。这种依赖关系不可避免会导致下属在其选择和行动受到上司决策的限制时，体验到一定程度的挫败感，有时甚至是愤怒。这是生活中的常态，即使在最理想的关系中也不例外。管理者如何处理这些挫折，在很大程度上取决于他们对权威的依赖倾向。

在这种情形下，一些人本能地对上司的权威表示不满，并抵制上司的决策。有时，这种抵制会被推向不合理的极端。

这些管理者往往会在无意识中，仅仅为了反抗而与上司发生冲突，将上司视为组织内的敌人。下属对受约束的反应很强烈，有时甚至很冲动，下属会把上司看作是阻碍进步的障碍，一个需要规避或至少忍受的存在。

心理学家把这种系列反应称为反依赖行为。大多数上司发现管理具有反依赖特质的人较为困难，且这类管理者通常与上司的关系较为紧张。并且，若遇到爱发号施令的上司时，上述问题就更为明显。这些管理者会把上司看成敌人，将其负面情绪转化为行动，当然表现形式通常是微妙的、非语言的。上司感知到下属的潜在敌意，就会失去对下属或其判断的信任，然后变得更加封闭。

矛盾的是，具有上述反依赖倾向的经理往往在管理自己的团队时表现出色。他或她会竭尽全力为团队争取支持，并在关键时刻果断地为团队发声。

另一种极端是，面对上司的错误决策，一些管理者会抑制自己的愤怒，表现出极度顺从的态度。即便在上司允许不同意见存在时，或在提供更多信息后可能会改变决策的情况下，这些管理者仍会表示同意。因为他们的反应与实际情况无关，因此与反依赖的管理者一样，他们的反应同样是过度的。这些人不是把上司视为敌人，而是否认自己的愤怒——另一个极端——倾向于把上司视为全能的监护人，认为上司应全知全能，负责他们的职业发展，教授所需的一切知识，并保护他们不受野心过大的同事伤害。

反依赖与过度依赖都是对上司持有了不切实际的想法。这两种态度都忽略了一个核心事实：大多数上司，如同我们每个人，不是完美无缺的；他们的时间、智慧是有限的，也不总是有着超乎常人的洞察力；他们也并非恶意的对手。上司面临自己的压力和挑战，这些有时与下属的期望不一致——而这往往有合理的原因。

改变对权威根深蒂固的态度，尤其在极端情况下，不经过深入的心理治疗几乎是不可能的。精神分析理论和研究已经表明，这种倾向深植于个人的性格和成长背景中。然而，了解这些极端情况及其之间的差异，对于认识到自己的倾向以及这些倾向如何影响你与上司的互动方式是有益的。

一方面，如果你发现自己可能偏向反依赖，你需要理解并预判可能的反应和过度反应。另一方面，如果你觉得自己可能过度依赖上司，你可能需要审视自己的过度顺从或应对冲突的能力是否限制了你和上司之间互动的有效性。

发展与管理上下级关系

通过对你的上司及你自己的深入了解，可以建立一种满足双方需求的合作模式。这种模式符合双方共同的期待，有助于彼此更高效地互动。表6-1总结了构成这种关系的一些元素。

表6-1 管理上司的检查清单

确保你自己理解上司及其背景，包括：

☐ 目标和目的
☐ 压力
☐ 优势、劣势、盲点
☐ 偏好的工作风格

评估你自己及个人需求，包括：

☐ 优势和劣势
☐ 个人风格
☐ 对权威人物依赖的倾向

建立并维持一种关系，该关系：

☐ 适合双方的需求和风格
☐ 以相互期望为特征
☐ 保持与上司之间的信息通畅
☐ 基于可靠性和诚实
☐ 有选择性地占用上司的时间和资源

兼容的工作风格

至关重要的一点是，与上司之间建立良好的工作关系需要能够适应各自不同的工作风格。举个例子，在我们的一项研究中，一位与上司保持较好关系的经理注意到，在会议期间，他的上司往往表现出注意力不集中，有时甚至给人一种唐突的感觉。而这位经理的风格则更倾向于细致且具有探索性，他喜欢跳出当前讨论的话题，探讨背景信息、备选方案等。

他的上司喜欢在讨论问题时尽量少涉及背景细节，并且每当该经理偏离了当前议题时，就会变得不耐烦和分心。

认识到这种风格上的差异后，这位经理在与上司开会时，就会追求更加简洁和直接。为了做到这一点，会前，他会制定简短的议程作为指南。每当他感觉需要偏离主题时，他会解释原因。这一小小的风格调整使得这些会议变得更加有效，也大大减少了双方的挫折感。

下属可以根据上司接收信息的首选方式调整自己的风格。彼得·德鲁克将上司分为"听众"和"读者"。一些上司喜欢以报告形式获取信息，这样他们就可以阅读和研究它。其他人则更喜欢面对面地接收信息和报告，这样他们就可以提问。正如德鲁克指出的，如果你的上司是一个听众，你应该面对面地向他或她做简报，然后用备忘录的形式跟进。如果你的上司是一个读者，你应该在备忘录或报告中涵盖重要项目或提案，然后进行讨论。

还可以根据上司的决策风格进行其他调整。一些上司喜欢在决策和问题出现时参与其中。这些是高度参与的管理者，他们喜欢时刻把握公司运营的脉搏。通常，如果你以临时的方式与他们联系，可以最好地满足他们（和你自己）

的需求。一个喜欢参与的上司无论如何都会参与进来，因此主动邀请他或她参与进来是有好处的。当然，也有一些上司则更喜欢委派——他们不想参与其中。他们期望你在遇到重大问题时来找他们，并通报任何重要变化。

共赢的领导成员关系需要发挥彼此的优势和弥补彼此的弱点。上司——工程副总裁——不擅长监控员工的问题，这带来了很高的潜在风险：工程师和技术人员都是工会成员，公司以客户合同为基础运作，而且公司最近经历了一次严重的罢工。我们追踪的这位经理意识到这一点，并特别强调自己会协助副总裁来处理监控员工的问题。

这位经理与他的上司、调度部门以及人事办公室的人开展了密切合作，以确保潜在的问题得到很好的解决。他还通过一个非正式的安排，让上司在采取行动之前，与他一起审查任何拟议中的人事或分配政策变更。上司非常重视他的建议，并称赞这位经理提升了部门绩效，改善了劳资关系。

相互期望

如果仅凭推断来把握上司的期望的话，那么下属很可能会陷入困境。诚然，一些上司可能会非常清晰和详尽地表达他们的期望。然而，大多数上司并非如此。尽管许多公司都有各种制度为沟通期望提供基础（比如正式的规划流程、职业规划评审及绩效评估评审），但这些制度从来没有完美地执行过。而且，在这些正式评审的间隙，上司期望是随时可能变动的。

最终，弄清楚上司的期望落在了下属的肩上。这些期望可以是广泛的（比如上司希望在何时了解哪些问题），也可以是具体的（比如一个项目应当在何时完成，以及期间需要什么类型的信息）。

对于那些不能清晰地表达期望的上司而言，明确地阐述对下属的期待和要求是一项挑战。但是，高效的管理者能够找到获得这一信息的途径。有的人可能会起草一份详尽的备忘录，涵盖他们工作的关键方面，并将其提交给上司审批。随后，他们通过面对面的讨论逐一检视备忘录中的各项。通过这种对话，下属往往能获得上司的全部期望。

还有一些高效的管理者通过发起一系列围绕“良好管理”和“共同目标”的非正式对话来“管理”表达不清的上司。还有人通过那些曾经为上司工作的人，或是通过上司在正式规划系统中向其上级做出的承诺，进而间接获取有价值的信息。显然，你选择哪种策略应基于你对上司风格的了解。

构建有效的共同期望还需要你向上司表达个人的期望，确认它们是否现实，并促使上司接受对你而言重要的期望。如果上司倾向过度追求卓越，那么，让上司认可你的期望就变得尤为关键。这类上司往往设定了过高的目标，需要他们调整标准以符合实际情况。

信息流动

上司需要了解下属工作的信息量会因其管理风格、所处环境和对下属的信任程度而大不相同。通常，上司需要的信息量会超出下属提供的，有时下属还可能误以为上司对情况的了解比实际更深。有效的管理者会意识到他们可能低估了上司需要知道的信息量，因此他们会确保找到适合上司风格的方式来让上司了解更多信息。

如果上司不喜欢听到问题，那么信息的向上流动就会变得特别困难。虽然很多人不愿意承认，但老板往往只想听到好消息。当有人向他们反映问题时，他们通常会通过非语言的方式表达不悦。在忽略个人成就的情况下，这些上司可能还会更加青睐那些不向他们汇报问题的下属。

然而，为了组织、老板和下属的利益，上司确实需要了解到失败和成功的信息。面对只想听好消息的上司，一些下属会通过间接方式，如利用管理信息系统，来传递必要的信息。另一些下属则确保潜在的问题，无论是以惊喜还是坏消息的形式，都会立即传达给上司。

可靠与诚实

对于上司而言，没有什么比一个他无法依赖、无法信任的下属更使人沮丧的了。虽然没有人会故意不靠谱，但许多经理会因为疏忽或把握不清上司的优先级而给上司留下不靠谱的印象。告诉上司自己很快就能完成一项任务，虽然这短期内会取悦上司，但如果不兑现，那么上司最终也会不高兴。对于一个反复错过截止日期的下属，上司很难依赖他。正如一位总裁（描述一位下属）所说："我宁愿他靠谱一些，即使他最终交付的成果少——至少我还可以依赖他。"

同样，几乎没有哪位经理故意向上司提供虚假信息。然而，淡化事实真相和实际问题会为日后的大麻烦埋下伏笔。如果下属无法提供相对准确的反馈，上司就几乎无法有效地开展工作。缺乏基本的信任水平会使上司感觉有必要审查下属的每一个决定，这样就大大增加了委派任务的难度。

合理使用时间与资源

上司在时间、精力和影响力方面也许和你一样，都是有限的。每一次向上级提出请求都会消耗他们的一部分资源，因此明智地选择何时利用这些资源是非常重要的。尽管这显而易见，但许多经理人往往因为琐碎的问题而不经意地耗费了上司的时间（以及他们自己的一些信誉）。

有一位经理费了很大力气来让上司解雇另一个部门的爱管闲事的秘书。他的上司必须使用相当大的影响力来做这件事。可以理解的是，另一个部门的负责人并不高兴。

后来，当这位经理想要解决更重要的问题时，就遇到了麻烦。在相对琐碎的问题上使用重要筹码，那么他和上司去实现更重要目标时便会变得困难。

毫无疑问，一些下属会对除了职责外，还需要花时间和精力来维护与上司的关系感到不满。这样的下属并没有意识到“管理上司”的重要性，以及通过消除可能的严重问题来简化他们的工作。有效的管理者则认识到这部分工作是合理的。他们视自己为组织中取得成就的最终责任人，明白他们需要与依赖的每个人建立和管理关系，其中就包括他们的上司。

7 高效管理者通常做什么[①]

这里是对一位成功高管一天典型生活的描述。本案例中的人物迈克尔·理查森（Michael Richardson），是一家投资管理公司的总裁。

7:35，他在短途通勤后到达公司，打开公文包，拿杯咖啡，并开始列出当天的“待办事项”清单。

7:40，下属杰瑞·布拉德肖（Jerry Bradshaw）到达自己的办公室。布拉德肖的职责之一是充当理查森的助手，办公室在理查森隔壁。

7:45，布拉德肖和理查森讨论了一些话题。理查森向布拉德肖展示了他最近在避暑别墅拍摄的一些照片。

8:00，布拉德肖和理查森讨论了一天的日程和优先事项。在此过程中，他们谈论了与客户和其他下属相关的十几个不同的主题和问题。

① 首次发表于 1982 年 11 月至 12 月的《哈佛商业评论》。

8:20，另一个下属弗兰克·威尔逊（Frank Wilson）走了进来。他提出了一些关于人事的问题，然后加入了正在进行的讨论。讨论直截了当，语速很快，偶尔穿插着幽默。

8:30，公司的董事长——理查森的“老板”弗雷德·霍利（Fred Holly）走了进来，也加入了谈话。他询问了定在11点的约会，并提出了一些其他话题。

8:40，理查森离开去拿咖啡。布拉德肖、霍利和威尔逊继续他们的谈话。

8:42，理查森回来。一个下属的下属进来打了个招呼就走了，其他人也都离开了。

8:43，布拉德肖放下一份报告，递给理查森与之相关的指示，然后离开了。

8:45，理查森的秘书琼·斯旺森（Joan Swanson）到达。他们讨论了她的新公寓和稍后一场会议的安排。

8:49，理查森接到一个下属的电话，这个下属是在回昨天的电话。他们主要讨论了理查森刚收到的报告主题。

8:55，他离开办公室，去参加一个由他的下属主持的例行晨会。会议大约有30人参加。理查森在会议期间阅读相关材料。

9:09，会议结束。理查森拦住其中一人，与他简短交谈。

9:15，他前往公司法律顾问——也是他的一个下属的办公室，霍利也在场。他们在讨论律师刚接到的一个电话。

三人站着讨论了一个问题可能的应对措施。和以前一样，他们交流很迅速，而且不乏幽默。

9:30，理查森回到办公室，与另一家公司的副董事长（一个潜在的客户和供应商）进行了会谈。参加会议的还有另一个人，他是该公司的联络人，也是理查森下属的下属。讨论氛围友好，内容涉及多个话题，包括他们的产品和美国的外交关系等。

9:50，大家都离开了。理查森打开通往布拉德肖办公室的连接门，提出了一个问题。

9:52，理查森的秘书带着五项业务进来。

9:55，布拉德肖走进来，询问了一个关于客户的问题，然后离开。

9:58，弗兰克·威尔逊和他的一个手下到达。他给了理查森一份备忘录，然后三人讨论重要的法律问题。威尔逊不喜欢理查森暂时做出的决定，并敦促他重新考虑。讨论持续了20分钟，直到他们就下一步行动达成一致，并安排在第二天早上9点进行。

10:35，他们离开。理查森查看桌上的文件，然后拿起一份，给霍利的秘书打电话。关于上次董事会会议的记录，他要求她做一些更正。

10:41，他的秘书拿着一张卡片进来，是给一个生病的朋友的。他写了一张便条附在卡片上。

10:50，他接到一个简短的电话，然后接着处理办公桌上的文件。

11:03，他的上司进来。还没等理查森和霍利开始交谈，理查森又接到另一个电话。通话结束后，他告诉秘书有人没有收到他寄出的信，并要求她再寄一封。

11:05，霍利提出了几个问题，紧接着布拉德肖加入了讨论。他们围绕着杰瑞·菲利普斯（Jerry Phillips）这一棘手的议题展开了讨论。布拉德肖主导了谈话，分享了自己近几天针对这个问题所采取的行动，理查森和霍利则不时提出问题。一段时间后，理查森开始记录要点。讨论依旧快速而直接，他们尝试明确问题的本质，并讨论可能的解决方案。理查森不断地引导话题，确保讨论不偏离重点。最终，他们就接下来的步骤达成了一致。

12:00，理查森为自己和布拉德肖订午餐。布拉德肖进来，讨论了十几个项目。威尔逊顺路而来，说他已经跟进了他们早些时候的谈话。

12:10，理查森拿到了所需的一些计算结果，向对方表示了感谢，并进行了一次简短、友好的交谈。

12:20，午餐送达。理查森和布拉德肖进入会议室用餐。用餐期间，他们讨论了工作和非工作相关的话题。他们经常因彼此的幽默而开怀大笑。午餐结束时，他们谈到了一个潜在的重要客户。

13:15，回到理查森的办公室，他们继续讨论关于那位客户的话题。布拉德肖拿出一个记事本，他们详细讨论了向客户展示的方案。然后布拉德肖离开了。

13:40，理查森在他的办公桌前工作，查看一份新的营销手册。

13:50，布拉德肖再次进入。他和理查森讨论了关于向潜在客户展示的另外十几个细节。然后布拉德肖离开。

13:55，杰瑞·托马斯（Jerry Thomas）来了。他是理查森的下属，下午安排了一些重要的绩效考核，将在理查森的办公室进行。他们简短地讨论了将如何处理每个考核细节。

14:00，弗雷德·雅各布斯（Fred Jacobs）（托马斯的下属）加入了理查森和托马斯的行列。托马斯主持会议。他复述了雅各布斯当年的奖金及其原因。然后他们三人讨论了雅各布斯在来年的角色。他们基本达成一致，雅各布斯离开。

14:30，简·金布尔（Jane Kimble）进来。考核流程与弗雷德·雅各布斯相同。理查森提出了许多问题，并不时表扬金布尔。会议在达成一致的友好气氛中结束。

15:00，乔治·休斯敦（George Houston）进来，绩效考核过程再次重复。

15:30，休斯敦离开后，理查森和托马斯简短地讨论了他们在会议中完成目标的情况。然后他们又简单聊了聊托马斯的其他一些下属。托马斯离开。

15:45，理查森接到一个简短的电话。他的秘书和布拉德肖带着一份请求清单进来。

15:50，理查森接到杰瑞·菲利普斯的电话。他拿出了上午 11 点关于菲利普斯的会议记录。他们在电话中来回讨论失去的业务、不满意的下属、谁对谁做了什么，以及现在应该做什么。这是一次漫长、循环往复、有时情绪激动的对话。接近结束时，菲利普斯同意了理查森的下一步行动并表示感谢。

16:55，布拉德肖、威尔逊和霍利都进来了。每个人都在跟进一天中早些时候讨论过的不同问题。理查森简要地告诉他们与菲利普斯的对话内容。布拉德肖和霍利离开。

17:10，理查森和威尔逊就三四个问题进行了简单交谈。

17:20，杰瑞·托马斯进来了。他描述了一个新的人事问题，他们三个人就此进行了讨论。谈话中逐渐充满了幽默，他们就采取的行动达成了一致。

17:30，理查森开始收拾他的公文包。其间有五个人在他办公室短暂停留，一次一两个人。

17:45，他离开了办公室。

理查森的一天在很多方面都是典型的总经理日常。我研究过的成功总经理的日常行为通常遵循以下模式（详细描述见本章末尾的“研究基础”）：

1. 他们大多数时间都在与人交往。一般来说，总经理单独工作的时间只占大约 25%，通常是在家里、飞机上或通勤途中。与他人共处的时间少于 70% 的人很少，有些人与他人共处的时间多达 90%。
2. 他们花时间相处的人不仅限于直接的下属和上司。总经理们常常越过正式的指挥链，会定期与一些看似不重要的外部人士会面。
3. 他们讨论的主题极为广泛。总经理们的关注点不仅限于规划、商业策略、人力安排及其他“高层管理关注事项”，几乎包括了所有即便是间接相关的业务和组织话题。
4. 在这些对话中，总经理们通常会提出许多问题。在半小时的谈话中，有的人可能会问上百个问题。
5. 在这些交流中，总经理们很少做出“重大”决策。
6. 这些讨论经常包含大量的笑话和玩笑，涉及与工作无关的话题。幽默通常与组织或行业中的其他人相关。与工作无关的讨论通常包括家庭、爱好或最近的活动（如高尔夫球成绩）。
7. 这些互动中，讨论的实质性问题对业务或组织来说相对“不重要”的并不在少数。也就是说，总经理们常参与他们自认为是在浪费时间的活动。

8. 在这些互动中，高层领导很少下达传统意义上的命令。也就是说，他们很少直接告诉人们应该做什么。
9. 尽管如此，总经理们经常试图影响他人。但他们采取的方式不是直接指示，而是通过询问、请求、诱导、说服和威胁。
10. 在与他人共处时，总经理们常常对他人的主动性做出反应。一位典型的总经理的一天大部分是没有预先计划的。即便是那些有大量计划会议的总经理，也常会花费很多时间讨论非正式议程的话题。
11. 他们与人相处的大部分时间都在短暂、零散的对话中度过。讨论单一问题或议题很少持续超过10分钟。对一个总经理而言，在5分钟的互动中触及十个不相关的话题并不少见。
12. 他们的工作时间很长。我研究过的人平均每周工作时间略少于60小时。很少有人每周的工作时间少于55小时。尽管他们部分工作是在家中、通勤途中或旅途中完成，但他们的大多数时间都是在办公场所度过的。

理查森的日常行为模式与其他关于管理行为的研究基本一

致，尤其是高层管理者的研究。然而，如亨利·明茨伯格（Henry Mintzberg）所观察到的那样，这些行为或许乍一看会和我们对高层管理者传统角色的理解存在不一致。将这些行为纳入“规划”“组织”“控制”“领导”和“人员配置”等传统管理类别似乎很难。

即使尝试分类，我们也能得出两个观点：（1）这些领导者的“规划”和“组织”活动看似缺乏系统性；他们的做法似乎颇为随意，有时甚至显得混乱不堪。（2）许多行为难以划归任何传统分类，仿佛这些活动并非高层管理者所应从事的工作。然而，正是这种看似随意的行为，实际上展现了高效领导者在日常工作中的规划和组织能力，这背后有其深刻的道理。

高效管理者如何处理工作

要理解高效的总经理的行事方式，首先需要认识到他们在工作中所面临的挑战和困境类型。其中两个最基本的挑战是：

- 在充满不确定性、多样性以及海量信息里，识别出应该做什么。
- 尽管没有直接控制权，仍然需要通过多样化的团队来完成任务。

在复杂的组织中，这些挑战的严峻程度远超过大多数非执行人员的预期。这些工作要求对传统管理功能如规划、人员配备、组织、指导和控制的影响巨大。

如表 7-1 所示，高管履行职责的本质要求采用一种复杂且细致的策略来处理规划、组织和人员配备等任务。这一策略须考虑到相关的不确定性，及其所牵涉的信息的多样性与数量。此外，它还必须应对复杂的人际关系挑战，来支持高层管理人员完成工作。在这个过程中，他们依赖大量人员，其中许多人可能并非他们的直接下属。

为了应对上述挑战，高效的管理者采用的主要方式是“议程设置”和“网络构建”。

议程设置

在新工作的头六个月到一年里，总经理们通常会花费大量时间来制定议程。之后，他们继续更新议程，但过程不那么耗时。

有效的议程由松散相连的目标和计划组成，这些目标和计划涵盖了这些经理们的长期、中期和短期责任。议程通常涉及广泛的财务、产品 / 市场和组织问题。议程既包括模糊的项目，又包括具体的项目。表 7-2 总结了典型总经理议程的内容。

表 7-1　高管工作性质对传统管理职能的行为影响

	隐含在工作中的窘境	如何做
对传统管理职能的影响	在充满不确定、多样化和大量相关的信息里，管理者们仍需明确行动方向	借助一个庞大且多样化的团队来实现目标，尽管对其中大多数人没有直接控制权
规划	在这种背景下，规划变得极其困难。这不仅仅是一年一度会议就能解决的问题，而是需要投入大量的时间和精力。同时，它需要完备的信息系统来消除杂音，提炼出关键数据	规划一定不能加剧原本已经非常复杂的人际环境。为此，对书面和口头的规划要特别谨慎
人员配备和组织	一个合理的计划或路线图是必不可少的，因为没有它，“人员配备”和“组织”就会变得不合理	完成工作所需的资源包括许多非直接下属的人。因此，“人员配备”和“组织”所涵盖的对象也主要是这些不能直接掌控的人。那么，相关活动需依赖非正式的人员配备和组织程序
指导和控制	合理的计划或路线图是必不可少的。没有它，就无法在无限可能中知道应该将注意力集中在哪里；没有它，就无法知道该指导或控制什么	建立一套相当强大的合作关系对于依赖的资源至关重要，不然，“指导”和“控制”就成为空谈

尽管当今大多数公司都实行正式的规划流程并形成书面计划，但总经理的议程往往还会包括那些未被这些文件涵盖的目标、优先级、战略和计划。这并不意味着正式计

划与总经理的议程相冲突。实际上，除了在三个关键的方面存在差异，它们通常是高度一致的。

表 7-2　一位总经理的典型议程

时间轴	关键点		
	财务指标	商业产品 / 市场	组织成员
长期规划 5~20 年	对于未来 10 到 20 年所期望的收入或投资回报率，有一个模糊的概念	对于总经理想要发展哪种类型的业务（产品和市场），有一个模糊的概念	模糊。有时包括关于总经理想要的团队类型和所需要的管理水平的描述
中期规划 1~5 年	对于未来五年的销售、收入和投资回报率，有一套相对具体的目标	一些关于业务增长的目标和计划，例如：在 1985 年之前推出三种新产品；探索通信行业的收购可能性	一份简短的项目清单。例如：到 1983 年，我们需要一次重大的重组；到 1984 年，找到科里的替代者
短期规划 0~12 个月	对于本季度和本年度所有财务领域（如销售、费用、收入、投资回报率等）有一个非常详细的财务目标清单	一系列针对以下事项的一般性目标和计划：各种产品的市场份额；各个产品线的库存水平	一份项目清单，例如：尽快找到史密斯的替代者；让琼斯承诺实现一系列更加积极的五年目标

- 首先，相比之下，正式计划往往主要采用详细的财务数据来表述。而总经理的议程对财务目标的描述可能

不那么精确，却在商业或组织的战略和规划方面更加具体和详细。

- 其次，正式计划一般只关注短期到中期的规划（3个月至5年），而总经理的议程则涵盖更广泛的时间范围，不仅包括即将到来的短期（1至30天）的计划，也包括更长远的未来（5至20年）规划。
- 最后，正式计划倾向于更加明确、严格和合乎逻辑。在说明各种财务项目如何相互匹配方面更是如此。而总经理的议程中包含的目标或计划列表可能并不如正式计划那样紧密相连。

从开始工作的那一刻起，高管便凭借对企业和组织的深刻理解，以及每天收集到的新信息，迅速构建一个初步议程。这个议程通常由一系列松散连接且尚不完整的目标组成，以及少数具体的策略和计划。随着更多信息的逐步收集，他们一步步地使这些议程变得更加完整和紧密。

在设定议程时，高效的总经理更倾向于通过与人的讨论而不是依赖书籍、杂志或报告来收集信息。这些交流对象往往是与他们关系密切的个人，并不一定是处于“适当”职位的人。通过这种方式，他们能够日复一日地持续获取信息，而不仅限于在计划会议中。他们利用对业务、组织及管理的现有知识来引导提问，而非提出宽泛或笼统的问题，从而在日常工作中有效地搜集对议程设定有价值的信息。

有了这些信息，总经理们就会有意识地（或分析性地）和无意识地（或直觉性地）做出议程设置决定，这一过程在很大程度上是他们的内在思维过程。这个过程通常不为外人所知。在选择纳入议程的具体事项时，他们倾向于挑选那些能同时满足多个目标、与其他所有目标和计划相协调，并且他们有能力去实施的活动。那些虽然看起来重要且合情合理，但不符合这些条件的项目和计划，通常会被搁置，或至少会遇到一些阻力。

事实上，大多数高效的总经理都会使用这种议程设定的方法，但表现最优秀的人在这方面做得更好，技巧也更为高超。例如，我观察到的一些表现“杰出”的总经理，他们在制定议程时所依据的商业战略更为明确。这些战略不仅考虑了更长远的时间范畴，还触及了更多的商业议题。同时，他们通过更主动地向他人寻求信息（包括接收不那么乐观的信息），更巧妙地提出问题，以及更有效地寻求有助于同时实现多个目标的项目和计划，来达成这一目的。

社会网络的建立

除了设定议程外，高效的总经理们在就职初期还会投入大量时间和精力，去构建自己的合作关系网络，这个网络涵盖了他们认为为实现新兴议程所必需的各方人物。即便在头 6 个月之后，这一活动仍占据相当多的时间；但通常，最初几个月内，构建合作关系网络这一活动最为密集。之后，他们的注意力会转向利用这些网络来执行及更新议程。

根据我的观察和别人的描述，这种网络构建活动的目标不仅仅是直接下属。总经理们与同级同事、外部人士、上司的上司，以及下属的下属之间发展合作关系。实际上，他们会与成百上千因工作而感到依赖的人建立关系，有时还包括在这些人之间建立关系。换言之，正如他们创建的议程一样，虽与正式计划有所不同但大体一致。同理，他们构建的网络虽与正式的组织结构有所不同，但大体上是一致的（见表 7-3 典型的总经理的社会网络）。

在这些庞大的网络中，关系在强度和类型上有着显著的差异；有些关系比其他关系更为紧密，有些则更加私人化等。实际上，每一份关系都因其独特的背景、涉及的特定人物等而有所不同。

总经理们通过多种面对面的方式发展这些合作关系网络。他们通过恩惠或强调正式关系来使对方感到有义务“听从”于他。他们以鼓励他人与他们产生认同感的方式行动。他们悉心培养自己在他人眼中的专业声誉，甚至巧妙地让对方感觉自己特别依赖总经理提供的资源、职业发展或其他支持。

除了深化与现有团队之间的联系外，高效的总经理还会通过调整团队配置、招新人或裁员等手段来扩展他们的人脉网络。他们这么做的目的，主要是为了增强自己的执行力。同理，他们也可能更换供应商或银行关系，游说不同的人担任相对重要的职位，乃至重组公司董事会，以此改善与关键资源的关系。

表 7-3 典型的总经理的社会网络

外部	财务关系人：如银行家、股东等	具体关系根据管理岗位而异。一些关系人之间存在紧密的工作联系，而且往往会认识几十位这样的人
	客户、供应商及竞争者	通常会熟悉数百名这类人士，部分关系非常亲密。与 50 个人保持密切关系并不罕见
	政府、媒体及公众	情况有所不同，但通常会认识许多这类人士，并与一部分人建立亲密的联系
内部	上级及董事会成员	一般与 10~20 人维持良好的工作关系。有时候，与其中一些人的关系格外亲近
	同事及其上下级	这一点基于管理者的具体职责而有所变化。在某些情况下，可能没有直接的同事；在极端情况下，可能会与该类别中的许多人都保持良好的工作关系
	直接下属	通常会与 5~15 人保持良好的工作关系。有时，与其中一些人的关系特别亲密，并将他们培养成一个配合默契的团队
	下属的下属	熟悉相当多的这类人员（从 5 人到 500 人不等），还会认识更多人，并与其中少数人建立了亲密的联系。常常营造出一种环境，在这种环境下，这些人对自己的工作方向有清晰的认识，并能很好地合作

此外，他们还会尝试在网络各处构建特定类型的人际关系。也就是说，他们力图营造一个实现议程所需要的“环境”。这样的环境鼓励人们积极响应总经理的计划并为共同目标而努力。虽然有时他们也会尝试在同事、上级或外界人士中构建这样的氛围，但他们更常在下属中这样做。

所有高效的总经理几乎都会采用这种网络构建方式，但表现最佳者会以更为积极和熟练的方式进行。例如，表现“优秀”的总经理能够构建一个包含许多才华横溢之人的网络，并在下属之间建立紧密的联系。他们通过运用多种方法和高超的技巧来达成此目的。而“良好 / 一般”的表现者可能使用的网络构建方法较少，执行起来也不够积极，因此构建出的网络相对较弱。

执行：利用人脉网络实施议程

在他们基本发展了自己的网络，确定了议程之后，高效的总经理倾向于将注意力转向利用网络来实施他们的议程。在此过程中，他们动用人际交往技巧、预算资源和信息，以多种直接和间接的方式影响人或事件的走向。

在推动议程的过程中，总经理们经常动员庞大的人际网络以获得支持。他们的求助对象远不止直接的下属和上级；在需要时，他们会动用一切可能的人际关系。在与总经理们的合作中，我见识到了他们如何求助于同事、公司员工、报告层级较低的下属、级别较高的上级、供应商或客户，甚至是竞争对手，以完成某项任务。没有人是没有被求助过的。在这些情况下，一贯的模式如下：

总经理试图对他认为未经其干预就无法完成的议程项目采取一些行动：

- 他接触的人往往能提供独特的帮助；
- 他接触的人是他的人际网络的一部分；
- 在选择合作伙伴和策略时，他旨在同时实现多个目标，同时避免无意中损害网络中的重要关系。

在与这些人建立联系之后，总经理们通常会通过提出简单的请求或建议来对他们施加影响。得益于双方之间的良好关系，这些建议或请求往往能够得到积极的响应。在某些情况下，根据涉及的问题和关系的性质，他们还使用自己的知识和信息来帮助说服这些人。在其他情况下，他们会利用现有的资源进行谈判。偶尔，他们甚至诉诸恐吓和强制。

高效的总经理们还擅长通过社交网络间接地影响他人，包括网络外的个体。在某些情况下，他们能够说服网络内的人去促使网络外的人采取必要的行动。更间接的做法是，他们有时会联系许多不同的人，鼓励他们行动起来，从而间接地影响其他人。一个典型的间接影响行为可能涉及策划的特定事件。例如，总经理可能安排一次或多次会议，并通过挑选与会者、设定议程内容，以及自己的积极参与，来对他人施加影响。

与直接影响不同，总经理们通过象征性的方法实现他们的间接影响。也就是说，他们利用会议、建筑、语言、关于组织的故事、时间和空间作为象征，间接地传达某些信息。

所有高效的总经理都采用这种方法来推动事务进展，但表现最出色的人在这方面比其他人做得更多，技巧也更为高超。换句话说，那些表现优异的人更倾向于调动更多的人参与到更多的活动中，并采用更多样化的影响策略。有“卓越”表现的领导者在面对面交流时会展现出高超的技巧，能够通过提问、激励、游说、表扬、奖赏、请求、巧妙引导等多种方式来激发他人。此外，他们更频繁地运用间接影响力。然而，表现一般的管理者则更多地依赖较为有限的影响手段，并以较为保守的方式使用这些技巧。

职位如何决定行为

多数时候，观察到的管理者的行为模式与他们处理工作的独特方式有直接关系。这不仅是工作本质和相关人员特性的直接结果，更具体地反映了设定议程、构建网络，以及利用这些网络实施议程的方式，还体现了他们的总体工作方法。

总经理们花费大量时间与人互动（模式 1）既是工作方法的自然体现，也与在人际网络中处于核心角色有关。正如我们所看到的，总经理发展了一个基于工作相关依赖关系的网络，并利用这个网络来创造、执行和更新组织的议程。因此，他们的工作本质上是与人打交道。其实，不难发现，总经理们将他们的大部分工作时间都用于与他人相处。

同样，由于网络往往包括总经理所依赖的所有人，总经理不仅仅与上司和直接下属接触，还会与其他人花时间交流（模式 2）。此外，鉴于议程往往包括所有与工作相关的长期、中期和短期任务，因此可以预见，日常对话涵盖的话题范围会非常广泛（模式 3）。

其他一些模式似乎直接源自总经理采用的议程设定方式。正如之前所述，议程设定涉及持续从网络成员那里收集信息。这通常是通过提问来实现的。因此，总经理们频繁提问（模式 4）与此直接相关。手握信息的总经理们创建的议程主要是非书面的。因此，重要的议程设定决策通常是看不见的，而是发生在总经理的内心深处（模式 5）。

我们还看到，网络构建涉及采用广泛的人际策略。考虑到幽默和非工作相关的讨论可以作为建立和维持关系的有效工具，尤其是在压力环境下，我们不应对这些工具的频繁使用而感到惊讶（模式 6）。由于维护关系需要关注他人认为重要的问题（无论这些问题对企业是否重要），总经理们花时间处理那些看似不那么重要的问题（模式 7）也在情理之中。

如我所述，总经理们在上任初期，便着重利用他们的网络推进既定议程。通过一系列直接与间接的影响策略，来实现这一目标。命令仅仅是众多策略中的一项。因此，不难预见，他们较少直接下达命令（模式 8），而是投入大量精力去影响他人（模式 9）。

某些行为看似无效实则有效

在所有可见的日常行为模式中，最让人费解的可能是，高层领导不会提前详细计划自己的一天，而是采取反应式的行动（模式 10），并进行短暂、零散的对话（模式 11）。从表面上看，这些做法看似与管理者应有的行为模式并不相符。然而，这些模式或许是最为关键且有效的。

“反应式”行为的有效性和高效性的一个典型例子如下：在前往会议的途中，一位总经理偶遇一名不直接向他报告的员工。抓住这个机会，他在一次短短两分钟的对话中：（a）提出了两个问题并得到了他需要的信息；（b）通过真诚赞扬员工近期的工作加强了彼此的良好关系；（c）让这位员工愿意帮助总经理完成一项任务。

他的议程引导他通过这次偶遇，提出关键问题并要求对方采取行动。他与这位网络中成员的良好关系使他能够迅速获得所需的协助。如果他试图预先安排这次会面，他将不得不安排并参加一个会议，至少需要 15 至 30 分钟，即偶遇时间的 750% 至 1500%。如果他之前与此人未能建立良好的关系，会议可能需要更长时间或效果欠佳。

同样，议程和网络使总经理能够高效参与短暂且零散的对话。以下的简短对话来自金融服务公司部门经理约翰·汤普森（John Thompson）一天的生活，展现了这种反应式行为的效率。这段对话发生在一个上午，地点是汤普森的办公室，参与者包括两名下属，即菲尔·道奇（Phil Dodge）和贾德·史密斯（Jud Smith）。

汤普森询问："波特近况如何？"

道奇回答："他一切正常。"

史密斯提醒："别忘了芝加哥的安排。"

道奇反应："哦，是的。"[自我提醒。]

汤普森继续："那么下周的计划呢？"

道奇确认："我们已经准备就绪。"

汤普森满意地说："很好。顺便问一句，特德情况如何？"

史密斯更新："好多了。他周二出院了。菲莉丝说他看上去很好。"

汤普森表达关心："听上去不错。我希望他能持续好转。"

道奇告别："下午见。"［随即离开。］

汤普森询问："好的，［转向史密斯］我们准备得怎么样了？"

史密斯肯定："一切就绪。"［他也准备离开。］

劳伦斯加入讨论："［从走廊走来，问汤普森］你看了4月份的数字了吗？"

汤普森回答："没有，你呢？"

劳伦斯更新："刚看过，5分钟前。除了CD下滑了5%，其他的都挺好。"

汤普森感到惊喜："比我预期的好。"

史密斯开玩笑："我敢打赌乔治会很高兴。"

汤普森笑道："如果他现在高兴，等我谈过后可能就不那么高兴了。"［特纳，汤普森的秘书，探头进门通知他比尔·拉尔森正在电话中等候。］

汤普森决定："我来接。能让乔治稍后来一下吗？［随着其他人离开，汤普森接起电话。］比尔，早安，近况如何？……是吗？……不，不用担心，我估计大约150万。是的……好的……是的，莎莉那晚也很高兴。谢谢你再次确认。好的……再见。"

劳伦斯重新进入话题："你对杰拉尔德的提案有何看法？"

汤普森坦诚："我不太喜欢。它不符合我们对公司和海恩斯的承诺。"

劳伦斯赞同："我也有同感。杰瑞有何打算？"

汤普森答道："我还没跟他谈过。[转身拨号。]我们看看他在不在。"

这段对话虽然从外人看来可能显得杂乱无章，但实际上体现了一种令人赞叹的高效沟通。在这短短几分钟的交流中，汤普森不仅更新了多个项目状态，还顺利调整了下一步的计划，展示了一位管理者在快节奏环境下的应变与决策能力。外人虽然可能不熟悉波特、特德、菲莉丝、比尔·拉尔森、莎莉、海恩斯或杰瑞等人物，也可能不了解"芝加哥""四月份数字""CD"或"杰拉尔德提案"等术语的具体含义。但对这些经理来说，每一句对话都是有意义的，彰显了他们对商业及组织知识的深入掌握以及对汤普森议程的全面理解。

但更重要的是，除了"不混乱"之外，这些对话实际上非常有效。在不到两分钟的时间里，汤普森完成了以下所有工作：

1. 他得知迈克·波特已同意协助解决一个关键问题，

这关乎贷款问题的成功解决，若未能解决，可能会对汤普森在某地区拓展部门业务的计划产生重大影响。

2. 他提醒一位经理联系芝加哥的某位人士，讨论关于那笔贷款的事宜。
3. 他了解到下周针对那笔贷款的所有计划已经安排就绪，包括两次内部会议和一次与客户的对话。
4. 他获悉特德·詹金斯手术后情况良好。泰德是汤普森公司的宝贵人才，对未来两年内部门方向的规划至关重要。
5. 他得知，除了一个区域外，4 月份的部门收入均在预算范围内，这减轻了他把注意力集中在月收入上的压力，并使他能够将注意力转移到提升特定区域收益上。
6. 他安排了与乔治·马索利亚讨论 4 月份数据的会议。汤普森一直在评估 CD 产品线的未来策略，他认为这一产品线必须达到预算目标，以支撑他对部门整体的推动计划。
7. 他向银行其他部门的同事比尔·拉尔森提供了一些信息（作为好处）。拉尔森过去对汤普森帮助很大，并在未来有能力提供重要支持。
8. 他联系下属杰瑞·威尔金斯，以了解他对一个可能影响汤普森部门的其他部门提案的看法。他担心这一提案可能会妨碍部门的五年收入目标。

就像《哈佛商业评论》上的一篇文章提到的，像约翰·汤普森这样的高效总经理们，都特别擅长在日常忙碌中找到那些突然出现的小机会和小问题，并充分利用它们。“顶尖”的总经理在这方面做得尤其好。这背后的秘密，其实就是他们精心搭建的人脉网络和议程设置。这样的议程设置让他们能够灵活且有效地应对周围发生的各种事情。同时这些应对措施都在一个大的、合理的框架下进行。人脉网络让他们能够进行简单、直接却非常有效的沟通。如果没有这样的网络，那些简短但重要的对话就不会轻易发生。总而言之，有了这样的议程和网络，总经理们就能够高效地处理复杂的工作，即使每周工作时间不超过 60 小时（模式 12），通过一些看起来并不像是管理工作的日常行为，他们也能成功达成目标。

高层管理者应该做什么

以下几点是从这些观察中得出的一些关键启示：

1. 在职业初期，直接从“职业经理人”的角色跃升为总经理，若对业务及相关人员缺少深入了解，这样的安排可能带来较大风险。除非业务本质上易于掌握，否则个人难以迅速积累足够知识来制定有效的策略。在参与者众多的情境下，迅速建立强大的执行网络尤为困难。

特别是在大型和复杂的组织中，这一点凸显了内部培养高层管理者的重要性。尽管当下许多企业均声称内部人才培养的重要性，但考虑到猎头服务业的繁荣发展，不难推断，这些企业要么未能全力以赴，要么其努力未能取得预期的成效。

2. 无论是大学教育还是企业内部的管理培训课程，都可能过度注重正式管理工具、明确问题的解决方案以及人际关系管理的简化。

目前流行的时间管理法便是这一问题的典型体现。这些方法往往过度简化了管理工作的本质，帮助管理者防止日常工作被人和问题所“打断”。它们经常向潜在的高层管理者传达：短暂且零碎的对话低效无益，鼓励自我约束，排除那些看似“无关”的人和议题。换而言之，这些建议的行为模式与我们研究中观察到的高效高管的行为大相径庭。“如何召开高效会议”的工作坊也面临相同的问题。

另一个不恰当课程的例子是强调正式量化工具的大学高管培训课程。这些课程至少隐含着一个假设，即这些工具是工作高效的核心。然而，所有的证据都表明，虽然这些工具有时与绩效相关，但它们几乎从来不是主要因素。

3. 对于刚开始担任综合管理角色的人而言，相较于当前的普遍情况，他们能更有效地适应快速变化的环境。在最初阶段，新任总经理通常需要投入大量时间来搜集信息、建立人际网络、为自己负责的领域制定基本方向，并构建支持性的组织架构。在起初的 3 到 6 个月内，如果上级要求完成具体的任务或参与特定的项目，那么这往往会产生相反效果。实际上，任何将这些经理的注意力从设定议程和构建网络上转移的做法都可能适得其反。

从积极的视角看，对于那些负责监督总经理的人而言，在新任经理可能面临挑战的领域保持警觉并提供相应的支持，能为这些新任经理提供极大的帮助。这些潜在的挑战领域通常是可以预见的。例如，如果某人在特定职能领域内稳步晋升，并被提升为一个独立部门的总经理——这在制造业中尤为常见——他们可能因缺乏对其他职能领域的深入了解而在设定议程时遇到障碍。

另一方面，如果人们在职业生涯早期的大部分时间都是从事专业、职员或助理工作，并突然被提拔到负责数百甚至数千名员工的总经理职位——这在专业机构中并不罕见——他们在最初建立人脉网络时可能面临巨大挑战。他们起初可能没有太多的人际关系，也不习惯投入时间去发展一个广泛的网络。

无论哪种情况，总经理的上司可作为一位富有洞察力的教练，并能够组织一些活动来支持而非阻碍新任经理的管理工作。

4. 最后，许多总经理所需遵循的正式规划体系可能成为绩效的障碍。

理想中，一个有效的规划系统应助力总经理构建出一个合理的行动计划及能够落实该计划的强大网络。这意味着，规划系统应促进总经理从战略角度思考问题，同时兼顾长短期目标，并涵盖财务、产品/市场及组织结构等各方面问题。此外，规划工具应当具备灵活性，以便高管借此建立和维护人际网络。它应为总经理提供足够的操作空间和选择，这样，他或她就可以根据自己对下属环境的期望，利用规划系统实现目标。

然而，许多公司采用的规划系统并非如此。相反，它们给总经理强加了一种僵化的“数字”要求。该系统并没有包含深入的战略思考或长远规划，此外还招致了人员间的一些不必要压力，使得网络的构建和维持变得异常艰难。实际上，某些规划系统看起来仅仅是制造了大量文档，不仅分散了高管对真正重要事务的注意力，而且并没有提供任何实质性的帮助。

研究基础

本项研究在1976年至1981年间展开，聚焦于9家不同类型的公司的杰出总经理团队。研究深入了解了这些领导者的职责范围、背景、行为习惯及其在不同企业和行业背景下的适应性变化。

参与此研究的总经理们管理着各自的利润中心，并承担多方面的职责。他们遍布美国各大城市，所在行业涵盖银行、咨询、轮胎及橡胶制造、广播、机械设备制造、报业、复印机制造、投资管理及消费品等多个领域。他们负责的业务规模不一，年销售额从100万美元到超过10亿美元不等。从统计数据来看，这些高管平均年龄为47岁，1978年的平均年薪约为15万美元，即按1982年的货币价值计算超过20万美元。在被选入研究时，所有人都被视为在其岗位上表现出色。

数据收集过程中，我们对每位总经理在6至12个月内进行三次访谈，每次持续5小时或更长时间，总观察时长约35小时。同时，我们也对每位总经理的十几位关键同事进行了每人1小时的访谈。此外，总经理们还填写了两份问卷，并提供了商业计划、日程安排和年度报告等相关文件。通过这些多元化的数据来源，我们获得了关于总经理的背景、性格、工作方式、环境适应性以及绩效的全面信息。由于数据收集工作对每位参与者而言都是一项巨大的挑战，因此，研究对象被限定为15位总经理。

总经理绩效的评估结合了“硬性”指标与“软性”指标。“硬性”指标主要指收入和利润的增长率，包括与既定目标的比较。“软性”指标则涵盖了与总经理共事者（包括上司、下属和同事）的反馈，尽可能地还包括行业分析师的评价。依据这种评估方法，大部分总经理的表现被评定为“非常好”，少数人则被评为“优秀”或“良好/一般”。

领导力大师系列

用大师的领导力思想，应对数字时代的深度变革

享誉世界的领导力大师的传世之作。新东方创始人俞敏洪、清华大学教授杨斌领衔推荐，为你的精彩人生规划一份领导力蓝图。

ISBN：978-7-5043-8934-3
定价：79.00 元

哈佛商学院终身教授、变革领导力之父约翰 · 科特最新力作。本书堪称变革逻辑的颠覆性创新之作，组织变革和领导力提升的教科书级指导书。

ISBN：978-7-5043-8993-0
定价：79.00 元

本书系统介绍了 11 种各具特色的思维方式，能全面提升你的大局意识、创新力和领导力，帮助你以多维思考应对复杂社会的巨大挑战。

ISBN：978-7-5151-0880-3
定价：59.00 元

本书为我们打开了“青色组织”与“自主管理”的大千世界，各种新型管理做法闪亮登场，带我们领略这些充满生机与活力的组织新型管理实践。弗雷德里克 · 莱卢郑重推荐！

ISBN：978-7-5043-8984-8
定价：89.00 元

世界知名咨询公司光辉国际首席执行官重磅作品。锁定感激、坚韧、渴望、勇气、共情 5 大领导力品格，塑造真正优秀的领导者。

ISBN：978-7-5043-9063-9
定价：69.00 元